로마서

네비게이토 선교회는
국제적이며 복음적인 기독교 기관이다.
예수 그리스도께서는 자기를 따르는 자들에게
"너희는 가서 모든 족속으로 제자를 삼으라"
(마태복음 28:19)는 지상사명을 주셨다.
네비게이토 선교회는 세계 모든 국가에서
예수 그리스도의 일꾼들을 배가시켜
이 지상사명을 성취하는 일을 돕는 것을
근본 목표로 하고 있다.

네비게이토 출판사는
네비게이토 선교회의 문서 선교를 담당하고 있다.
본 출판사에서는 그리스도인의 영적 성장을 돕는
서적과 자료들을 출판하여,
그리스도인의 삶의 기초가 견고한
헌신된 제자로 성장하고,
나아가 성숙한 인격과 지도력을 갖춘
일꾼이 되도록 돕고 있다.

로마서

A NavPress Bible study on the book of

ROMANS

네비게이토 출판사
TO KNOW CHRIST AND TO MAKE HIM KNOWN

차 례

감사의 말

이 성경공부 시리즈는 네비게이토 선교회의 성경공부팀과 출판부 편집진이 함께 수고하여 만들었으며, 전국적으로 미리 사용해 보고 출판되었습니다.

이 교재의 사용법

목 적

이 성경공부 시리즈는 성경의 각 책별로 지침이 주어져 있습니다. 책마다 지침이 다르기는 하지만, 다음과 같은 공통적으로 지향하는 목표가 있습니다.

1. 말씀을 이해하는 데 필요한 기본 지식을 줌으로써 말씀을 향한 간절한 마음을 불러일으켜 줌.
2. 다른 안내서가 없이도 성경의 각 책을 스스로 공부할 수 있는 방법을 가르쳐 줌.
3. 모든 역사적, 지리적 배경, 단어의 정의 및 필요한 해설을 실어서 다른 참고 서적이 필요 없이 성경만 가지고도 공부할 수 있도록 해줌.
4. 성경 한 책의 내용을 전체적으로 파악할 수 있도록 도와줌.
5. 하나님의 말씀을 자신의 삶에 적용하여 그리스도의 형상을 닮아 가는 방법을 가르쳐 줌.

한 과를 혼자서 공부하는 데 걸리는 시간은 1시간에서 1시간 30분 정도가 될 것입니다. 한 주에 한 과를 공부한다는 가정 아래 모든 지침이 주어져 있지만, 시간이 그렇게 되지 못할 때는 반 과 또는 자기가 할 수 있는 분량만큼 정해 놓고 하면 됩니다.

융통성

이 성경공부 시리즈는 각 개인의 필요에 맞추어 공부의 분량과 그 깊이를 조절해서 할 수 있게 되어 있습니다. 일련번호를 따라 주어진 문제 이외에 임의로 선택해서 하는 문제들이 많이 있는데, 이것들은 난외에 따로 소개되어 있습니다.

선택 적용. 거의 모든 적용 문제가 선택 사항입니다. 무리가 되지 않는 한, 될 수 있는 대로 많은 문제들을 하기 바랍니다.

묵상과 토의. 성경공부 초보자는 물론 성경공부 경험이 많은 사람들도 함께 생각해 볼 필요가 있는 문제입니다. 여기서는 주로 윤리적인 문제나 기타 성경적 원리들을 다룹니다. 대개는 참조 구절들이 소개되어 있어 생각하는 데 도움을 주지만, 그 구절들이 반드시 분명한 답을 주지는 않습니다.

추가 연구. 여기에 포함되는 것들은 1) 그 주제를 더욱 분명히 밝혀주는 참조 구절들과, 2) 본문을 깊이 파고들 수 있게 해주는 질문들입니다. 이 부분은 생략하고 넘어가도 본문의 요지에는 영향을 주지 않습니다. (주: 2과에서 19과까지 마지막 부분에는 그 과에서 공부한 본문의 개요를 작성하라는 지침이 주어지는데, 이것도 선택 사항이긴 하지만 해볼 만한 가치가 충분히 있습니다.)

그룹으로 함께 공부하는 경우에는, 각 과마다 선택 질문들 중에서 어떤 문제들을 준비해 올 것인지, 또 다음번에는 진도를 어디까지 나갈 것인지 함께 협의해서 결정하도록 하십시오. 대개는 그룹 인도자가 이 결정을 하게 되지만, 적용 질문은 각자 필요에 맞게 선택하도록 하는 것이 좋습니다.

당신이 하나님과 동행하는 삶에서 자라 감에 따라, 그에 맞추어 질문의 수준도 점점 높아질 것입니다. 이 성경공부 교재는 적절한 참조 구절과 적용을 위한 도전, 여러 성장 단계에 맞는 다양한 문제들을 통해 당신의 영적 성장에 풍부한 도움을 제공할 것입니다.

개관과 분석

공부는 책에 대한 개관으로부터 시작합니다. 해석의 열쇠는 그 책 또는 본문이 무엇에 대하여 말하고 있는지 그 문맥을 파악하는 것입니다. 그리고 문맥을 파악하는 열쇠는 저자가 그 책을 쓴 목적이 무엇인가를 이해하는 것입니다. 1과에서는 다음과 같은 질문들을 던져 봄으로써 공부에 필요한 기초를 마련하게 될 것입니다. 저자(그리고 하나님)가 이 책을 쓴 이유는 무엇이며, 달성하고자 하는 바는 무엇인가? 이 책은 무엇에 대해서 기록하고 있는가?

2과부터는 본문을 따라가며 자세하게 분석하게 될 것입니다. 문단 하나하나가 책 전체 내용과 어떻게 연관되어 있는지 생각하면서 공부하면 그 문단의 목적을 파악하는 데 도움이 될 것입니다. 그 목적을 알면 그 의미를 밝히는 데 도움이 됩니다. 자주 책의 개요를 살펴보면서 공부하면 이 상호 연관성을 이해하는 데 유익할 것입니다.

마지막 과에서는 책 전체를 복습하게 되는데, 한 부분 한 부분 자세하게 공부한 이후 그 책에 대한 당신의 전반적인 시야가 공부를 시작할 때와 비교할 때 어떻게 바뀌었는지를 알아보게 됩니다. 이를 통해 그 책의 주된 요지들을 더욱 확실하게 파악할 수 있게 됨은 물론, 이 공부를 통해 당신이 어떻게 성장했는지 알 수 있게 될 것입니다.

문제의 유형

주어진 지침이 없이 혼자서 성경을 공부할 때는 대개 다음과 같은 순서를 따르면 됩니다. 먼저 관찰을 하십시오—본문은 무엇을 말하고 있는가? 다음에는 해석을 하십시오—본문의 의미는 무엇인가? 마지막으로 적용을 하십시오—이 말씀을 나의 삶에 어떻게 적용할 것인가?

"어떻게"와 "왜"를 묻는 문제들 가운데는 답을 하기 위해서 좀 더 깊이 생각해야 하거나 기도를 해야 하는 것들도 있습니다. 어떤 문제들은 명쾌한 정답이 없이 의견을 묻는 경우도 있습니다. 이런 문제들은 토의 거리를 마련해 주어 더 많은 공부를 하게 해줄 것입니다.

지식만을 습득하는 공부가 되지 않도록 주의하십시오. 본문의 내용을 하나님의 말씀으로 받고, 공부를 해나가면서 계속해서 하나님과 대화를 나누도록 하십시오. "주님, 여기에서 제가 깨닫기 원하시는 것은 무엇입니까?", "하나님 아버지, 이 사실을 제게 알려 주시는 이유는 무엇입니까?", "주님, 어떻게 이것을 제 생활 속에 적용할 수 있겠습니까?"

답을 기록하는 것은 중요합니다. 기록을 하게 되면 생각이 분명하게 정리되며, 잊지 않고 기억을 하는 데도 도움이 됩니다.

구절 묵상은 선택 사항입니다. 묵상의 목적은 성경의 진리를 내적인 확신으로 심화시켜서, 이 진리를 따라 행하는 것이 점점 더 삶의 자연스러운 일부가 되도록 하려는 데 있습니다. 날마다 조용한 곳을 찾아 5분 정도 그 말씀을 되새겨 보기 바랍니다. 각 단어, 구, 문장이 당신에게 어떤 의미를 주는지 생각해 보십시오. 하루 중 그 외 시간에도 간간이 그 구절을 마음속에 떠올려 보도록 하십시오. "내가 주의 법을 어찌 그리 사랑하는지요. 내가 그것을 종일 묵상하나이다"(시편 119:97).

참고 도서

본 교재만 가지고도 충분히 성경을 공부할 수 있도록 필요한 정보들을 거의 다 싣고자 했지만, 어떤 주제에 대하여 더 많은 지식이 필요하거나 나름대로 깊이 공부해 보기를 원할 경우에는 각 책에 대한

모여 공부하는 시간을 가져야 할 것입니다. 그러나 적용은 개인적인 묵상과 기도가 없이는 아주 어려울 것입니다.

그룹으로 함께 성경공부를 하면 서로 도전과 격려를 주고받을 수 있을 뿐 아니라 책임감을 갖고 공부에 임하게 됩니다. 다른 사람들 앞에서, 자신의 삶의 어떤 영역에서 더 성장하기 위해 모종의 행동을 취하기로 적용했을 경우, 서로를 위해 기도하고, 하나님의 인도하심에 대해 함께 경청하며, 유혹을 이길 수 있도록 서로를 돕고, 각자 자신의 적용 내용을 실천하는 일에 더 책임감을 느끼게 됩니다. 다른 사람의 성장이 자신에게 미치는 중요성을 알게 되며, 그룹을 영적 원리들을 실천하는 마당으로 삼을 수도 있습니다. 모임을 시작할 때마다 몇 분 동안은 지난 과에서 적용했던 것들을 어떻게 실천해 나가고 있는지 서로 나누는 시간을 갖도록 하십시오. 또 모임이 끝날 때쯤에는 새로 적용한 것들을 함께 나누도록 하십시오. 그러고 나서는 여러 가지 필요들을 위해 함께 기도하는 시간을 가지십시오.

각 사람이 적용한 내용과 기도 부탁한 내용들을 기록해 두면, 그 주간 동안 그들을 위해서 잊지 않고 더 잘 기도해 줄 수 있게 되며, 다음에 다시 모였을 때 관심을 가지고 기도가 응답되었는지 물어볼 수도 있게 됩니다. 이를 위해 기도 제목과 토의 내용을 적는 노트를 한 권 마련하는 것도 좋을 것입니다.

토의 내용을 기록하게 되면, 기억하는 데 도움이 되고, 진행되고 있는 토의의 내용을 놓치지 않고, 주제를 벗어나지 않으며, 토의되고 있는 주제의 전체적인 흐름을 파악하는 데 도움이 됩니다. 그러나 적는 데만 매달려 토의에 참여하지 못하는 일이 있어서는 안 됩니다. 매번 모임 때마다 한 사람씩 돌아가며 서기를 하게 하는 방법도 있습니다. 서기의 일은 기록을 잘 해서 그것을 복사한 뒤, 다음 번 모임 때 모두에게 나누어 주는 것입니다. 또는 기록 내용을 모든 사람이 볼 수 있도록 칠판이나 큰 종이 위에 기록하거나 미리 준비된 괘도를 이용하는 방법도 활용할 수 있습니다.

배 경

바울과 로마

로마제국 지도

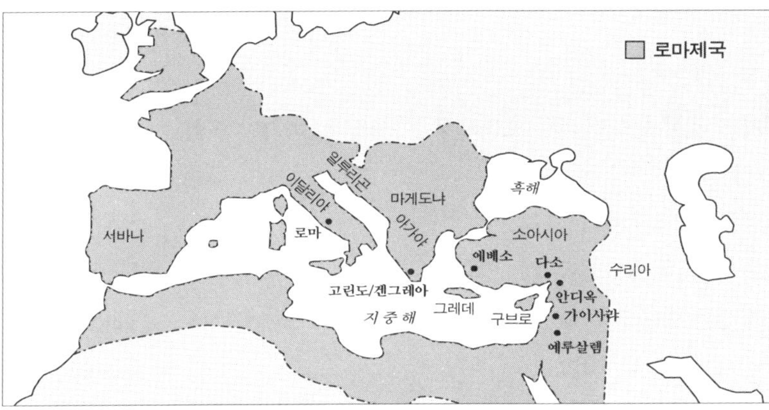

윌리엄 틴데일은 자신의 영어 신약성경 1534년 판 서문에서 로마서를 일컬어, 신약성경에서 가장 중요한 책인 동시에, 구약성경의 입문서가 되는 책이라고 했습니다.[1] 첫째는 하나님께서 우리에게 주신 복음을 가장 완벽하게 진술하고 있기 때문이며, 둘째는 구약성경 전체를 인용하여 그 복음을 설명하고 있기 때문이라는 것입니다.

그는 계속해서 이렇게 말했습니다. "로마서는 진실로 읽기가 쉽지 않고, 공부하기도 만만치 않은 책입니다. 하지만 공부할수록 쉬워지고, 씹을수록 단 맛이 나며, 깊이 파고들수록 더 귀한 것을 발견하게 됩니다. 지극히 값진 영적 보화들이 그 안에 감추어져 있습니다."

그러면 영적 보화가 감추어져 있는 이 로마서가 어떻게 있게 되었습니까?

바울 사역의 연표(年表)

예수님의 공생애	AD 28-30년
바울의 회심 (행 9:1-19)	33년
베드로를 만나기 위해 예루살렘 방문 (갈 1:18)	35년
수리아와 길리기아 지방 여행 (갈 1:21, 행 9:30)	35-46년
이방인 선교를 해명키 위해 예루살렘 방문 (갈 2:1-10)	46년
바나바와 함께 구브로와 갈라디아 여행 (행 13-14장)	47-48년
갈라디아서	48년?
예루살렘 회의 (행 15장)	49년
실라와 함께 안디옥에서 소아시아, 마게도냐, 아가야 여행 (행 16-17장)	49-50년
데살로니가전후서	50년
고린도 선교 (행 18:1-18)	50-52년
예루살렘 방문	52년
에베소 선교 (행 19장)	52-55년
고린도전후서	55-56년
마게도냐, 달마디아, 아가야 여행 (행 20장)	55-57년
로마서	57년 초
예루살렘 방문 (행 21:1-23:22)	57년 5월
가이사랴에서 감옥에 갇힘 (행 23:23-26:32)	57-59년
로마에서 셋집에 구금됨 (행 27:1-28:31)	59-62년
빌립보서, 골로새서, 에베소서, 빌레몬서	60?-62년
디모데전후서, 디도서	?
로마에서 순교	65년?

※ 모든 연대는 추정이며, Bruce의 Paul: Apostle of the Heart Set Free에 근거한 것임.

서쪽을 바라보다

AD 57년, 사도 바울은 선교사가 된 지 20년 정도 되었습니다. 지난 10년간 소아시아, 마케도니아, 그리스(아가야)에서 전도하며 보냈는데, 이제는 자기가 거기서 할 일이 끝났다는 생각이 들었습니다. 바울이 세운 교회마다 지도자들이 세워졌고, 이들이 교회를 돌보고 있었기에, 바울은 서쪽에 있는 스페인(서바나) 쪽을 바라보고 있었습니다. 스페인은 제국의 가장 서쪽 끝에 있었고, 복음을 한 번도 들어 본 적이 없는 지역이었습니다(로마서 15:23-24).

스페인으로 가는 길에 바울은 로마를 방문하려던 오랜 숙원을 풀고 싶었습니다. 그는 법적으로는 로마 시민이었지만(사도행전 22:27-28), 그 유명한 제국의 수도를 한 번도 본 적이 없었습니다. 거기에 잠시 머물며 이미 왕성하게 성장하고 있는 로마 교회의 성도들을 만날 기회를 갖기 원했습니다. 바울은 또 로마의 그리스도인들의 재정적 지원을 받기를 바랐고, 그곳을 스페인 선교의 거점으로 삼고 싶었습니다.

그러나 바울은 로마에 있는 그리스도인들 중에서 몇 명밖에는 만나 본 적이 없었습니다. 또한 지금 당장 서쪽으로 여행할 수 있는 처지도 아니었습니다. 그는 그리스의 이방인 그리스도인들이 예루살렘의 가난한 그리스도인들을 위해 드린 헌금을 모아 두고 있어서 자기가 직접 예루살렘을 방문하여 그 헌금을 전달해야 한다고 생각했습니다(로마서 15:25-26). 이런 이유로 해서, 그는 로마의 그리스도인들에게 소개의 편지를 보내 그의 방문을 준비하게 하기로 했습니다. 바울은 그 편지를 AD 57년 이른 봄 그리스에서 썼는데(사도행전 20:2-3), 결과적으로 복음에 대한 가장 위대한 서술이 되었습니다.

바리새인 사울

바울의 편지를 이해하려면, 로마인들이 사도 바울에 대해 들었을 내용에 대해 최소한 얼마 정도는 알고 있어야 합니다. 바울은 AD 1-10년경 다소에서 태어났습니다. 당시 다소는 작긴 했어도 수리아에서 소아시아로 통하는 무역로상에 위치해 번창한 성읍이었습니다. 다소는 그 당시 철학과 학문을 주도하던 학파들로 이름이 나 있었고, 따라서 바울도 그 영향을 받았을 것이라고 추측하기도 합니다. 로마제국의 다른 대부분의 도시에서와 마찬가지로 다소에도 헬라어를 말하는 유대인들로 이루어진 회당이 있었고, 이들 가운데는 종종 히브리어를 말하는 유대인만큼이나 신앙심이 깊은 사람들이 있었을 것입니다.[2]

그러나 빌립보서 3:5에서 바울이 자신을 일컬어 "히브리인 중의 히브리인"이라고 한 것을 보면, 그의 부모는 히브리어를 사용했으며 그를 엄격하게 유대식으로 양육해, 가능한 한 주위 이교도들의 영향을 최대로 막았던 것 같습니다.[3] 그들은 아이의 이름을 이스라엘의 첫 왕인 사울의 이름을 따서 "사울"이라고 지었는데, 이것은 그들의 가문이 베냐민 지파에 속해 있기 때문이었습니다(빌립보서 3:5). 사울이 자신에 대해 다소 성 시민이었을 뿐 아니라(사도행전 21:39), 또한 태어나면서부터 로마 시민권을 가지고 있었다고 말한(사도행전 22:27-28) 것으로 보아, 그들은 그 지역에서 부와 명망을 구비한 유력자였던 것 같습니다.[4]

사울은 유대 율법을 공부하러 예루살렘에 유학해 당시 최고의 랍비였던 바리새파 가말리엘의 문하에 들어갔습니다(사도행전 22:3, 갈라디아서 1:14). 바리새인이란 말은 "분리된 자들"이라는 뜻으로, 그들은 스스로에 대해 하나님께서 모세의 율법을 따라 살도록 따로 떼어 놓은 사람들이라고 생각했습니다. 바리새인들 가운데는 사람이 악보다 선을 더 많이 행하면 의롭게 된다고 생각하는 사람들도 있었지만, 사울은 모든 율법은 일점일획에 이르기까지 철두철미하게 준수하지 않으면 안 된다고 주장하는, 더 엄격한 가르침을 따랐던 것이 분명

합니다.[5]

바리새인들은 이방인들의 압제에서 그들을 구원하며 공의로 통치하실 메시야("기름부음 받은 자"라는 뜻의 히브리어. 헬라어로는 그리스도)를 기다리고 있었습니다. 그런데 나사렛 예수가 나타나 율법을 새롭게 해석하며 하나님과 자신의 특별한 관계를 주장하자 많은 바리새인들은 격분하였습니다. 그래서 일부 유대인들이 나사렛 예수를 메시야와 주(보통 하나님을 일컫는 말임)라고 선포하며 따르게 되자, 엄격한 바리새인들은 맹렬하게 그들을 대적하였습니다.

사울은 예루살렘에서 나사렛 예수가 그리스도라고 전파하는 자들을 핍박하는 데 앞장섰습니다(사도행전 7:58-8:3, 갈라디아서 1:13). 이 핍박을 피해 예루살렘을 빠져나가 도망한 사람들을 붙잡으려고 사울은 대제사장의 허가를 받아 다메섹으로 쫓아갔습니다. 그러나 그리로 가던 중 예수님께서 사울에게 나타나 그의 눈이 안 보이게 하시고(사도행전 9:1-9), 그는 지금 자기가 섬기고 있는 그 하나님을 핍박하고 있는 것임을 알려 주셨습니다. 이때로부터 사울의 삶은 바리새적인 율법 준수로부터 메시야로 오신 예수 그리스도께 대한 헌신과 순종으로 바뀌게 되었습니다. 그는 다른 유대인들에게 예수님을 믿으라고 외치기 시작하였으며, 이어서 하나님께서는 이방인들에게 예수님을 증거하도록 그를 부르셨습니다. 이방인들 가운데서 사역을 하게 되면서부터 사울은 그의 이름을 헬라식으로 바울이라고 부르게 되었습니다.

선교사 바울

바울의 회심은 폐쇄적인 유대주의를 떠나 이방 문화권으로 나아가는 첫발을 내딛는 것이 되었습니다. 그는 길리기아와 수리아에서 10여 년을 보냈습니다(갈라디아서 1:21). 아마도 거기서 헬라어를 사용하는 유대인 그리스도인들과 함께 예수님을 전파하였던 것 같습니다. 그때 바나바가 다소에 가서 그를 수리아 안디옥으로 불러왔는데, 이 무렵 교회에는 유대인들보다 이방인들의 수가 더 많았습니다.[6]

얼마 후 안디옥 교회는 바울과 바나바를 선교사로 파송하였고, 그들은 약 2년 동안 구브로와 갈라디아 지방을 다니며 복음을 전하였습니다. 그러고 나서 그들이 안디옥에 돌아와 보니, 일부 교사들이 들어와 이방인 그리스도인들도 반드시 할례를 받고 유대 율법을 지켜야 한다고 가르치고 있었습니다. 바울과 바나바는 이 가르침에 강력하게 반대하였고, 결국 두 사도는 저들과 함께 예루살렘으로 올라가 사도들 앞에 그 문제를 제기하게 되었습니다. 사도들은 바울의 견해를 받아들여, 이방인 그리스도인들은 도덕적으로 살며 우상 숭배를 피하기만 하면 되고 유대인의 관습을 지킬 필요가 없다고 했습니다(사도행전 15:1-35). 하지만 슬프게도, 이것으로 논쟁이 끝난 것은 아니었습니다. 바울은 그 후로 여러 해 동안 유대주의자들과 맞서 싸웠습니다.

바울은 예루살렘 회의 이후 다시 선교 활동에 힘썼습니다. 실라와 몇몇 동역자들과 함께 바울은 4년 동안 아시아, 마게도냐, 아가야(그리스) 지방에서 복음을 전하였습니다. 예루살렘과 안디옥을 짧게 방문한 후에, 바울은 세 번째 선교 여행을 떠나 에베소, 마게도냐를 거쳐 마침내 고린도까지 갔습니다(사도행전 15:40-20:3). 고린도에서 또는 인근 항구인 겐그레아에서 가이오라는 사람과 함께 머무는 동안(로마서 16:23, 고린도전서 1:14), 바울은 아마 로마에 편지를 썼을 것입니다. 그러고 나서 얼마 안 있어 고린도를 떠나 예루살렘으로 갔습니다.

로마 도착

바울은 마침내 로마에 갔습니다. 하지만 그가 계획한 방법대로는 아니었습니다. 그가 이방인 신자들이 준 구제물을 가지고 예루살렘에 나타났을 때, 그를 대적하던 몇 유대인이 로마 당국을 선동하여 그를 체포하게 했습니다. 그는 2년 동안 가이사랴의 감옥에서 보냈습니다. 그런데 새로 부임한 로마 총독이 그에게 "네가 예루살렘에 올라가서 이 사건에 대하여 내 앞에서 심문을 받으려느냐?" 하고 묻자, 그는 로마 황제인 가이사 앞에서 심문받게 해달라며 가이사에게 호소하였습니다(사도행전 21:17-25:12).

로마로 가는 여행은 폭풍우로 배가 난파되는 바람에 거의 일 년이나 걸렸습니다(사도행전 27:1-28:16). 그래서 바울은 로마 방문 계획을 알리는 그 편지를 보낸 지 약 3년 뒤에야 로마에 도착했습니다. 로마에서 2년 동안 그는 가택 연금 상태에 있었는데(사도행전 28:30), 로마의 그리스도인들보다는 오히려 그가 세운 여러 교회의 형제들이 그를 도와주었습니다(빌립보서 1:12-18, 2:25, 4:18). 그 후 바울은 아마도 이 첫 번째 감옥 생활에서 풀려나 스페인으로 갔을 것으로 추측됩니다. 그러다가 몇 년 후 다시 체포되어 재판을 받고 로마에서 처형되었을 것입니다.

로마의 교회

로마에서 맨 처음 그리스도인이 된 사람들은 유대인들이었을 것입니다.[7] 그들은 오순절에 예루살렘에서 베드로의 설교를 듣고 믿게 되었을 수도 있고(사도행전 2:5,10,11,41), 아니면 그 후 나중에 복음을 들었을 수도 있습니다. 사업상, 또는 종교적인 목적의 순례나 단순히 여행을 위해 유대인들은 끊임없이 로마와 예루살렘, 안디옥, 그리고 여러 도시들을 오갔습니다. 어떤 유대인들은 제국의 동쪽 지방에서 복음을 듣고는, 그 소식을 로마로 가서 전하기도 했을 것입니다. 바울이 로마에서 온 브리스길라와 아굴라라는 유대인 부부를 만났을 때, 그들은 분명 이미 그리스도인이었습니다(사도행전 18:2-3).[8] 글라우디오 황제가 로마에 있는 유대인들을 제국의 수도인 로마에서 추방할 때 그들도 함께 추방되었습니다. 이유인즉, "크레투스의 선동으로" 유대인 사회에서 끊임없이 일어나는 소요 때문이었습니다.[9]

그 추방은 AD 49년에 있었는데, 몇 년 후에는 그리스도인이든 비그리스도인이든 유대인들은 다시 로마로 돌아왔습니다(로마서 16:3). AD 57년 무렵에는 로마에 상당수의 이방인 그리스도인들도 있었습니다. 바울이 그의 편지에서 유대인과 이방인 모두에게 길게 말하고 있기 때문입니다(로마서 2:17, 11:11-21). 그가 유대인과 이방인 간의 관계에 대하여 많이 언급한 것으로 미루어 보건대, 교회 내에서 유대인과 이방인 중 누가 소수 집단이었다고 말할 수는 없는 것 같습니다.

바울이 그의 편지를 쓸 당시에는, 복음에 대한 그의 이해가 오늘날처럼 제국 전역에서 기준이 되어 있었던 것은 아니었습니다. 로마의 그리스도인들 중 브리스길라와 아굴라와 같은 일부 사람들은 바울의 신앙관에 익숙하였지만, 대부분은 다른 사도들의 가르침을 받고 믿었습니다. 그들은 그들을 진리 가운데로 인도하시는 성령과 더불어 구약성경을 가지고 복음의 세부 사항들을 상고하고 있었습니다. 어떤 이들은 정통파 유대인의 관점에서 예수님과의 관계에 접근하였고, 어떤 이들은 우상 숭배하던 과거의 관점에서, 또 어떤 이들은 이런저런 많은 유대 분파들의 관점에서 접근하였습니다. 각 분파는 구약성경과 유대 전통에 대하여 저마다 해석이 달랐습니다. 바울은 그의 복음을 제시할 때 그리스도인들 사이의 이러한 다양성을 염두에 두어야 했습니다. 그는 "우리가 너희에게 전한 복음"만이 예수님의 사역에 대한 단 하나의 정확한 이해라고 하였습니다(갈라디아서 1:8 참조). 이와 더불어 그는 그리스도인들이 복음을 따라 어떻게 살아야 하는지를 말하면서, 다른 은사와 관행을 가진 그리스도인들 간의 하나 됨과 관용을 강조했습니다(로마서 12:1-15:13).

하나님의 의(義)

로마서는 하나님의 아들의 복음, 즉 하나님의 의(로마서 1:16-17)의 계시를 체계적으로 자세히 설명하고 있습니다. 편지에서 바울은 죄, 구원, 은혜, 율법, 믿음, 행위, 의(義), 의롭다 하심[칭의(稱義)], 성화(聖化), 구속(救贖), 사망, 부활, 하나님의 구원 계획에서 유대인의 위치, 구원받은 자로서 우리의 생활 방식 등과 같은 아주 크고 어려운 주제들을 다루고 있습니다. 마르틴 루터는 로마서를 "영혼의 일용할 양식"[10]이라고 했습니다. 마음껏 즐기도록 하십시오!

1. F. F. Bruce, *The Epistle to the Romans* (Grand Rapids, MI: William B. Eerdmans Publishing Company, 1963), p. 9.
2. A. T. Robertson, "Paul, the Apostle," *The International Standard Bible Encyclopaedia,* volume 4 (Grand Rapids, Michigan: William B. Eerdmans Publishing Company, 1956), p. 2276.
3. F. F. Bruce, *Paul: Apostle of the Heart Set Free* (Grand Rapids, Michigan: William B. Eerdmans Publishing Company, 1977), pp. 41-43.
4. Bruce, *Paul,* pp. 32-40.
5. Bruce, *Paul,* pp. 50-51.
6. Bruce, *Paul,* pp. 127-133.
7. Bruce, *Paul,* pp. 379-382.
8. *The NIV Study Bible*, edited by Kenneth Barker (Grand Rapids, MI: Zondervan Corporation, 1985), p. 1681.
9. Suetonius, *Life of Claudus* 25. 4. See Bruce, *Paul,* pp. 379-382.
10. Martin Luther, *Commentary on Romans* (Grand Rapids, MI: Kregel Publications, 1982), p. xiii.

1 과

개 관

성경의 어떤 책을 공부하기 전에, 먼저 그 책 전체를 살펴보면 세부 내용을 공부하기가 훨씬 쉬워집니다. 따라서 전에 로마서를 공부해 본 적이 없는 사람이라면 로마서 전체를 개관해 보는 것이 더더욱 필요합니다. 아래에 로마서 전체를 개관하는 데 도움이 되는 몇 가지 제안을 해놓았습니다. 가능하면 많이 해보도록 하십시오. 시작하기 전에 문제 1-8을 한 번 죽 훑어보십시오.

1. 먼저, 자신을 로마에 있는 그리스도인이라고 생각해 보십시오. 지금 막 유명한 사도 바울에게서 이 편지를 받았습니다. 무슨 편지든 받으면 죽 읽어 보듯이, 이 편지를 죽 읽어 나가면서 전체적인 메시지가 무엇인지 파악해 보십시오. 너무 길어서 한꺼번에 다 읽기가 부담스럽다면, 1:1-17, 3:21-26, 5:1-5, 8:1-4, 9:1-5, 11:13-15, 12:1-2, 15:14-33만 읽어 보아도 좋습니다.

2. 읽으면서, 바울의 메시지에서 중요하게 보이는 단어나 주제들을 적어 보십시오. 이런 단어나 주제들은 대개 반복되어 나타납니다. 이렇게 적어 놓은 것을 보면, 바울이 전달하려고 한 주된 내용이 무엇인지를 파악하는 데 도움이 되고, 또한 궁금한 사항들도 떠오르게 되는데 이런 사항들은 계속 공부를 해나가면서 답을 찾게 될 것입니다. 예를 들면, "의롭다

하심"이나 "의(義)"와 같은 단어들이 잘 이해되지 않을 수도 있습니다. 이 단어들은 바울의 가르침에서 핵심 단어입니다. 핵심이 되는 단어나 주제들을 적어 보십시오. 그리고 의문 사항은 문제 3의 빈칸에 적기 바랍니다.

3. 로마서를 읽거나 15-23쪽의 배경 부분을 읽으면서, 의문이 들거나 좀 더 명확히 알고 싶은 내용이 있을 수가 있습니다. 지금 생각해도 그 내용들이 궁금하여 알고 싶다면, 아래 빈칸에 질문 내용을 기록하십시오. 공부해 나가면서 답을 찾아보시기 바랍니다.

4. 바울은 로마의 그리스도인들에게 자신의 메시지를 주의 깊게 체계적으로 적어 보냈습니다. 개요를 작성해 보면 그의 생각의 흐름을 파악하는 데 도움이 됩니다. 편지를 읽을 때 바울의 생각이 자연스럽게 끊어지는 부분이 어디인지를 살펴보십시오. 그런 다음 각각의 단락에 대해 짤막하게 요약을 해보십시오. (편지의 일부분만 선택하여 읽고 있다면, 그 부분들만 요약해 보십시오.)

다음에 제시한 단락 구분은 절대적인 것이 아니라 한 가지 예일 뿐입니다. 이와는 다르게 나누고 싶으면 자신이 좋아하는 대로 해도 됩니다.

1:1-17
1:18-32
2:1-16
2:17-3:8
3:9-20
3:21-31
4:1-25
5:1-11
5:12-21
6:1-14
6:15-23
7:1-6
7:7-25
8:1-17
8:18-39
9:1-33
10:1-21
11:1-36
12:1-21
13:1-14
14:1-15:13
15:14-33
16:1-27

5. 1:1-15은 1:16-17 내용으로 이끄는 서론 격에 해당하며, 편지의 나머지 부분은 이 1:16-17 내용을 설명하고 있음을 알았을 것입니다. 성경의 모든 책이 이처럼 선명하게 그 주제를 진술하고 있지는 않습니다. 바울은 로마서를 쓸 때 보통 편지를 쓰듯 하기보다는 체계가 잡힌 논문을 쓰듯 하였습니다.
 1:16-17을 다시 읽고, 바울이 편지의 나머지 부분에서 말

하고 있는 내용이 무엇인지 생각해 보십시오. 그런 다음, 한 문장 또는 몇 단어로 로마서 전체의 핵심 메시지라고 생각되는 것을 적어 보십시오.

6. 다음은 바울이 다루고자 하는 핵심 주제를 따라 로마서 전체를 좀 더 큰 부분으로 나누어 본 것입니다. 각 부분에 대해 간단하게 제목을 붙여 보십시오.
   1:1-17

   1:18-3:20

   3:21-4:25 (또는 3:21-5:21)

   5:1-8:39 (또는 6:1-8:39)

   9:1-11:36

   12:1-15:13

   15:14-16:27

❑ **추가 연구**
문제 4-6의 답을 주석 성경이나 성경핸드북에 나오는 개요와 비교해 보십시오.

❑ **추가 연구**
성경사전이나 성경백과사전을 찾아, 바울이나 로마서의 배경에 대해 더 자세히 알아보십시오.

7. 로마서를 통해서 볼 때 바울은 어떤 사람(성격, 목표 등등)이 라고 생각됩니까? 필요하다면 1:1-17, 9:1-5, 10:1, 11:13-14, 15:14-16:27을 다시 읽어 보십시오.

8. 15-23쪽의 배경 부분에서(아직 읽지 않았으면 읽어 보십시오), 기억해 두면 로마서를 공부할 때 도움이 될 만한 중요한 내용이 있으면 아래에 적으십시오.

9. 성경공부의 마지막 단계는 공부한 내용을 자신에게 적용하는 것입니다. 한 가지 방법을 제시하면, 이 개관 부분에서 공부한 내용을 죽 훑어보면서 다음 질문을 스스로 던져 보기 바랍니다.

로마서 공부를 통해서 나의 삶에 어떤 변화가 있기를 원하는가?

이 책의 전체적인 메시지는 나의 삶에 어떤 연관성이 있는가?

이 책을 처음 읽고 나서 들었던 생각이나 떠오른 기도 제목은 무엇인가?

이 질문들을 생각하면서 대답이 떠오른 것이 있으면 자유롭게 아래 빈칸에 적으십시오.

소그룹 모임을 위한 지침

이 "소그룹 모임을 위한 지침" 난은 토의를 좀 더 체계적으로 하는 방법을 제시하려는 목적에서 만든 것입니다. 자유로운 마음으로 그룹의 사정에 맞게 선택하여 사용하도록 하십시오.

이 과의 주된 목표는 로마서가 어떤 책인지 전반적으로 알고, 또한 함께 로마서를 공부할 사람들을 아는 데 있습니다. 8-14쪽의 "이 교재의 사용법" 부분, 15-23쪽의 역사적 배경 부분을 함께 읽는 시간을 가지면 유익할 것입니다. 또한 세부 공부로 들어가기 전에 로마서 전체를 함께 읽는 것도 유익합니다.

그룹 멤버들에게 개관 부분을 읽기 전에, 먼저 로마서 전체를 읽어 보도록 권하되, 전체를 다 읽는 것을 너무 어렵다고 느끼면 강요하지는 마십시오. 멤버들 중에 성경공부가 아직 익숙하지 않거나 성경공부에 대해 자신 없어 하는 이들은 한 번에 어려운 책 한 권 전부를 읽는 것에 대해 큰 부담을 느낄 수도 있습니다. 반면 어떤 이들은 한 번에 책 전체를 읽는 것에 대해 아무 문제도 느끼지 않을 수도 있습니다.

시작. 어떤 식으로든 간단한 예배로 모임을 시작하면 그날의 염려나 관심사를 뒤로 미루어 놓고 하나님께 초점을 맞추는 데 도움이 됩니다. 충분히 시간을 잡아 함께 기도함으로써 모임을 시작하기를 좋아하는 그룹도 있고, 찬송을 몇 곡 부르고 나서 시작하기를 좋아하는 그룹도 있습니다. 아니면, 찬송을 한 곡 부르거나 하나님의 인도를 구하는 기도를 간단히 하고 나서 곧바로 시작하고, 성경공부를 마친 후 찬송하고 기도하는 시간을 충분히 갖기를 좋아하는 그룹도 있습니다. 어떤 식으로 하든 그룹에 맞게 하되, 그룹 모임을 기도로 시작하고 기도로 마치는 것이 좋습니다.

도입. 처음으로 모이는 시간은 각자의 생각을 솔직하게 나눌 수 있는 분위기를 마련하여, 서로 간에 더욱 친밀해지고, 공통된 목표가 어떤 것인지를 파악하도록 해주기에 좋은 시간입니다. 그룹 성경공부를 통해 각자가 얻기를 바라는 것이 무엇인지, 즉 기도, 찬송, 나눔, 전도, 또는 이외에 함께 할 수 있는 모든 활동 등을 통해 얻고자 하는 것이 무엇인지를 이야기하는 가운데 공통된 목표가 무엇인지를 파악하게 됩니다. 또한 각자가 그룹에 기여하고 싶은 것이 무엇인지도 나눌 수 있습니다. "여러분은 왜 성경을, 특히 로마서를 공부하려고 합니까?"라고 물어보십시오. 각자가 희망 사항과 기대하는 바를 나눌 때 한 사람이 기록하게 하십시오. 그렇게 하면 나중에 이 목표들을 되돌아보면서 각자의 희망과 기대가 채워졌는지 평가해 볼 수 있을 것입니다. 그러고 나서 기도에 좀 더 시간을 할애할 수도 있고, 필요하다면 로마서 전체를 좀 더 천천히 훑어볼 수도 있습니다. 또한, 어떤 사람들은 성경을 공부하는 데 주된 관심이 있는 반면, 어떤 사람들은 주로 다른 그리스도인들과 자신의 삶을 나누기 원할 수도 있으므로, 서로 이야기를 통해 모종의 일치를 보게 되면 좋습니다. 나중에 참고하도록 이 교재의 앞부분의 적당한 빈칸에 각자의 목표를 적어 두게 하십시오.

1과의 토의를 시작할 때 약 15분 정도 시간을 내어 목표에 대해 서로 이야기를 나눌 수도 있습니다. 또는, 모임을 한 번 잡아서 성경공부도 소개하고 "이 교재의 사용법"(8-14쪽)도 이야기하고, 각자의 목표를 나누는 것도 생각해 볼 수 있습니다.

개관. 함께 토의할 내용으로 다음을 들 수 있습니다.

1. 이 교재의 사용법. 교재의 사용법 중에서 그룹 멤버들이 꼭 알아 두는 게 좋겠다 싶은 것이 있으면 짚어 준 다음, 질문이 있으면 하게 하십시오. 예를 들어, 교재의 여백에 있는 선택 질문 등에 대해 잠시 설명을 해주는 것이 좋을 것입니다. 여기에는 묵상과 토의, 선택 적용, 추가 연구를 위한 제안과 질문들이 있습니다. 여기 있는 것들을 다 하기가 그리 쉽지는 않을 것입니다. 따라서 한 사람이 "선택 적용" 중 한 문제를 하기를 기대하는 것이

합리적일 것입니다. 그리고 "묵상과 토의" 문제 중에서 한두 개를 선택하여 그룹 토의를 할 수도 있을 것입니다. 선택 질문들에 대한 답을 기록해 두기 원하는 사람이 있으면, 별도의 노트를 사용하여 기록하도록 제안하십시오. 별도의 노트가 있으면, 토의 내용, 기도 제목, 기도 응답, 적용 계획 등을 기록해 둘 수 있어서 많은 도움이 됩니다. 각 과마다 관찰-해석-적용의 패턴이 있음을 주목하십시오. 번호가 매겨진 문제 중 많은 것이 관찰과 기본적인 해석을 위한 것이며, 더 깊은 공부를 위한 토대를 놓아 줍니다. 여백에 좋은 질문들이 많이 실려 있습니다. 그룹 토의에서는 번호가 매겨진 문제들을 빨리 지나가고(어떤 문제는 그냥 건너뛸 수도 있음), 그룹의 관심을 끄는 문제들을 집중적으로 토의할 수도 있습니다.

216-218쪽에 공부에 도움이 되는 참고 도서를 소개하였습니다. 당신이 가지고 있는 것이 있으면 가져와서 그룹 멤버들에게 보여 주십시오.

성경 암송 및 묵상과 연관하여 왜, 어떻게 하는지 토의가 필요할 수도 있습니다. 그리스도인들이 하는 묵상은 일부 종교에서 하는 것처럼 단지 마음을 비우는 것이 아닙니다. 오히려 우리의 마음을 분산시키는 것을 비운 후에 하나님의 말씀을 깊이 생각함으로써 마음을 하나님의 생각으로 가득 채우는 것입니다.

2. 핵심 단어와 사상. "여러분에게 떠오르는 핵심 단어와 사상은 무엇입니까?" 하고 물어보십시오.

3. 개요. 문제 4에 대한 각자의 답을 멤버들끼리, 그리고 다른 개요들(주석 성경이나 성경사전, 또는 이 교재의 33-34쪽에 나오는 개요 등)과 비교해 보십시오. 예를 들어, 각 사람에게 "1:18-32은 무엇에 대한 것입니까?"라는 질문에 대답하게 하십시오. 그러고 나서 답들을 문제 6과 비교하십시오. 서로 다른 개요들의 유익점을 토의하십시오. 주석이나 성경사전 등을 보면 각기 개요 내용이 아주 다르다는 것을 알게 될 것입니다. 로마서를 자세히 공부한 후에 로마서 전체를 복습하면서 다시 다른 개요들을

평가해 볼 수도 있습니다.

4. 주제. 로마서는 무엇에 대한 것인가? 바울은 왜 로마의 그리스도인들에게 편지를 썼는가? (15-23쪽의 배경 설명이 이에 도움이 됩니다.) 1:16-17은 바울의 주제에 대하여 무엇을 말해 주고 있는가?

5. 바울. 바울을 우리와 같은 감정과 목표를 가진 사람으로 보게 되면, 바울의 말들을 우리 자신에게 적용하기가 더 쉬울 것입니다. 이 편지는 바울에 대하여 무엇을 보여 주는가? 15-23쪽의 배경 설명은 무엇을 더 말해 주는가?

6. 로마의 그리스도인. 배경 설명과 편지를 통해 바울의 독자들에 대해 알게 된 것은 무엇인가? 또한, 그들에 대하여 아는 것이 왜 중요한가?

7. 질문. 로마서에 대하여 그룹 멤버들의 질문이 있으면 모두 기록하십시오. 그 질문들에 대하여 지금 즉시 답을 할 필요는 없습니다. 공부를 해나가면서 적절한 때에 그 질문들에 대해 토의하면 될 것입니다.

8. 적용. 그룹 멤버들이 성경 말씀을 자신의 삶에 어떻게 적용하는지 그 방법을 아직 잘 모른다면, 몇 가지 예를 들어서 바울의 교훈을 실천에 옮기는 방법을 설명할 수도 있습니다. 로마서에서 한 부분을 택하여, 그 구절의 의미가 무엇인지 상고하고, 그것이 우리의 삶과 어떤 연관이 있는지를 살펴본 다음, 그것을 행동으로 옮길 수 있는 실제적인 방법을 한 가지 생각해 보십시오. 기도하는 것일 수도 있고, 배운 바를 다른 사람에게 말하는 것일 수도 있고, 또는 실제 어떤 행동을 하는 것일 수도 있습니다.

마무리. 이 시간은 토의를 마무리하고, 다음 과나 다음 모임에 대하여 이야기할 것이 있으면 이야기하는 시간입니다. 예를 들면 이렇습니다. "2과의 문제를 풀기 시작하기 전에 먼저 41쪽의 '도움말 - 적용' 부분을 읽어 보시기 바랍니다. 그런 다음 2과를 공부하면서 공부한 말씀을 삶에 적용할 방법들을 찾아보시기 바랍니다."

어떤 사람들은 모임이 있기 하루 이틀 전에 가서야 다음 과를 준비하다가 지난 과에서 적용하기로 한 내용을 발견하고는 적용 내용을 실천하기에는 시간이 너무 없다고 생각하는 경향이 있습니다. 성경공부가 끝나고 나면 바로 그 시간에 적용하기로 한 내용을 어떻게 실천할 것인지 구체적으로 생각하여 실행에 옮기도록 권면하십시오. 다음 모임 때까지 암송하기로 한 구절이 있다면, 바로 암송을 시작하도록 권면하십시오.

마침. 로마서를 우리에게 주신 것에 대해 하나님께 감사하십시오. 로마서를 통하여 하나님께서 자신에 대하여 나타내 주신 것이 있으면 그 내용들을 가지고 하나님을 찬양하십시오. 그룹 멤버 모두가 로마서에 있는 하나님의 말씀을 이해하고 삶에 적용할 수 있게 하여 달라고 기도하십시오.

개요. 로마서의 개요는 여러 가지로 작성할 수 있는데, 그중 두 가지만 들면 다음과 같습니다.[1]

1. 서론(1:1-15)
2. 주제: 하나님께로서 난 의(義)(1:16-17)
3. 모든 인간의 불의(1:18-3:20)
    1) 이방인(1:18-32)
    2) 유대인(2:1-3:8)
    3) 요약: 모든 사람(3:9-20)
4. 의(義)의 전가(轉嫁): 칭의(3:21-5:21)
5. 의(義)의 분여(分與): 성화(6:1-8:39)
6. 하나님의 의(義)의 변호: 이스라엘의 거부의 문제(9:1-11:36)
7. 의(義)의 실천(12:1-15:13)
8. 결론(15:14-33)
9. 추천과 인사(16:1-27)

1. 표제(발신인과 수취인, 주소, 인사)(1:1-7)
2. 바울과 로마교회(1:8-15)
3. 서신의 주제(1:16-17)
4. 오직 믿음으로 하나님께로서 난 의의 계시(1:18-4:25)
5. 믿음으로 의롭게 된 자들에게 약속된 삶(5:1-8:39)
6. 인간의 불신과 하나님의 신실하심(9:1-11:36)
7. 믿음으로 의롭게 된 자들에게 요구되는 순종(12:1-15:13)
8. 맺음말(15:14-16:27)

1. The first is from *The NIV Study Bible*, pp. 1704-1705; the second is from C. E. B. Cranfield, *Romans: A Shorter Commentary* (Grand Rapids, Michigan: William B. Eerdmans Publishing Company, 1985), pp. xv-xvii.

2 과

로마서 1:1-17

서 론

로마의 그리스도인들 중 바울이 알고 있는 사람은 일부에 지나지 않았습니다(16:1-16). 그런데 바울은 어떻게 그들이 그의 서바나(스페인) 선교를 위해 선교 본부와 자금을 제공해 주기를 바랐을까(15:23-24)? 그들 대부분을 한 번도 만난 적이 없는데 이것이 가능한 일일까? 하지만 가능성은 충분하였습니다. 그 선교의 긴급성과, 또한 그 일을 하기에 자신이 충분한 자격이 있음을 그들에게 확신시킬 수만 있다면 말입니다.

1:1-17을 읽으면서, 로마서의 이 서론 부분에서 중요한 것이 무엇인지 보여 주시도록 기도하십시오.

인사(1:1–7)

예수 그리스도의 종(1:1). 구약성경에서, 하나님의 종은 왕이신 여호와께서 명하신 일을 수행하는 고위 관리로서, 일례로 모세, 사무엘, 다윗과 같은 사람들, 그리고 메시야를 가리키는 신비에 쌓인 "종"(이사야 42:1-7)[1]도 거기에 속합니다. 당시 종은 자기 주인을 위해 일하기로 선택한 자유인일 수도 있고, 또는 주인에게 완전히 예속되어 주인에게서 마음대로 떠날 수 없는 노예일 수도 있었습니다. 여기에는 두 가지 의미가 다 담겨 있을 것입니다.

❑ **묵상과 토의**

1. 1:2-4에서 예수님에 대하여 말하고 있는 바는 무엇입니까? 이것을 아는 것은 왜 중요합니까? 이 구절이 당신의 삶에 어떤 영향을 줍니까?

2. 이 구절은 예수님에 대한 어떤 잘못된 생각들을 반박하고 있습니까?

사도(1:1). 문자적으로는, "보냄을 받은 자"라는 뜻입니다. 사자(使者), 전령(傳令), 대리인, 대사 등이 이에 속합니다. 유대법에서는, 이런 사람을 shaliach라고 했는데, 상거래나 법적 사안에서 "타인을 대신하여 전권(全權)을 갖고 행동하는 사람"이라는 뜻입니다.[2]

초대교회에서는 부활하신 예수님을 목격한 사람들 중 몇몇 사람들을 사도로 인정하였으며, 그들은 교리와 정책에 관하여 최고의 권위를 가진 지도자들이었습니다. 예수님의 열두 제자(누가복음 6:12-16, 사도행전 1:12-26)와 바울이 이런 영예를 얻었습니다. 바나바(사도행전 14:14), 예수님의 형제 야고보(갈라디아서 1:19), 그리고 일설에 의하면 안드로니고와 유니아(로마서 16:7)도 사도라 불렸는데, 넓은 의미의 "사자(使者)"[3]라는 뜻에서 사도라 부를 수 있을 것입니다.

1. 바울은 편지의 서두를 통상적인 관례를 따라 시작하되, 자기를 모르는 사람들에게 자신이 누구이며 또 자신의 사명이 무엇인지를 밝히기 위해 좀 길게 서술하고 있습니다. 1:1-7에서 다음 사항에 대하여 바울은 어떻게 밝히고 있습니까?

자기 자신(1:1)

자신의 메시지(1:2-4)

자신의 사명(1:5)

자신의 독자(1:6-7)

복음(1:1). 이 말은 헬라어 euangelion(eu-는 “good,” angelion은 “message”의 의미)을 번역한 것으로 기쁜 소식, 좋은 소식이라는 뜻입니다. “evangelist(전도자),” “angel(천사)”과 같은 단어도 이와 관계가 있습니다.

믿어 순종케 하나니(1:5). 문자적으로는 “믿음의 순종”입니다. 이 말은, 믿음에서 나오는 실제적 순종을 의미할 수도 있고, ‘믿음이라는 순종,’ 즉 율법 준수가 아니라 믿음 자체가 하나님께서 원하시는 진정한 순종이라는 의미로 해석할 수도 있습니다.[4]

성도(聖徒)(1:7). “성도,” “거룩하게 하다,” “거룩함”은 모두 “구별하다”라는 의미를 지닌 동일한 헬라어와 연관되어 있습니다. 1:1의 “택정함을 입었으니”라는 말도 “구별하다”라는 뜻이 있습니다. 따라서 성도란 “거룩한 자” 또는 “구별된 자”입니다. 성도는 이미 하나님을 위해 거룩하게 구별된 사람이며, 성령에 의해 거룩하여져 가는 과정에 있는 사람입니다.

2. 로마의 그리스도인들처럼 우리도 믿어 순종하도록 부르심을 입었으며, 예수 그리스도의 것으로, 성도로 부르심을 입었습니다(1:5-6). 이 사실이 당신의 삶에서 지니는 의미는 무엇입니까? 당신의 행동, 결정, 우선순위 등에 어떻게 적용하겠습니까?

❏ **묵상과 토의**

1. 어떤 의미에서 믿음 자체는 순종의 일면입니까?

2. 왜 진정한 믿음은 또한 순종으로 이끕니까?

❏ **선택 적용**

당신은 무엇이 되도록, 무엇을 하도록 따로 구별되었습니까? 또, 무엇으로부터 구별되었습니까? 거룩하게 구별된 이 신분을 어떻게 하면 구체적으로 더 잘 나타낼 수 있습니까?

❏ **추가 연구**

1:1-7에는 “부르심”이라는 단어가 세 번 나옵니다. 누가 불렀습니까? 누가 부르심을 받았습니까? 무엇이 되도록, 무엇을 하도록 부르심을 받았습니까?

❏ **묵상과 토의**

예수님께서 하나님의 아들이심을 우리는 어떻게 압니까? 1:4

❏ 선택 적용

12쪽의 "암송과 묵상" 부분을 읽으십시오. 그리고 다음 며칠 동안 매일 몇 분간 다음을 묵상하십시오.

예수님은 누구신가(1:3-4)
당신은 누구인가(1:6)
믿음의 순종(1:5)

이 내용들이 당신의 삶에 주는 의미가 무엇인지 생각해 보고, 그것을 실천에 옮길 수 있는 방법을 찾아보십시오.

❏ 선택 적용

당신은 어느 정도나 바울과 동일한 사명을 가지고 있습니까(1:5)? 그것을 어떻게 하면 더 잘 실천할 수 있겠습니까?

도움말 반 복

반복은 저자가 강조하고 싶은 내용을 파악하는 실마리가 됩니다. 1:1-7에서 바울이 반복해서 사용하는 단어들을 관찰해 보십시오. 주, 예수, 그리스도, 하나님, 아들, 사도(사도의 직분), 복음, 부르심, 택정함/성결/성도, 은혜 등. 바울은 "예수 그리스도"를 위하여 "부르심을 받고," "택정함을 입은" 것을 자기 자신의 삶에 적용하고(1:1-5), 그 다음 로마 성도들의 삶(1:6-7)에 적용하고 있음을 주목하기 바랍니다.

1:8 이후의 본문에서도 반복어를 찾아보면 바울의 주요 요지를 아는 데 실마리가 될 것입니다. 예를 들어, '의(義)' 라는 말은 약 30회 정도 나옵니다. 의롭다 하심, 믿음, 행위, 율법, 은혜, 죄, 육신, 영(靈), 종 등도 자주 나오는 말입니다.

은혜(1:5,7). 인간에게 값없이 베푸신 하나님의 과분한 은총과 선물. 바울은 은혜의 선물이신 하나님의 아들로 말미암아 우리가 어떻게 의롭다 하심을 얻게 되는지에 대해서는 나중에 자세히 말합니다. 여기에서 말하는 은혜란 하나님께서 날마다 주시는 선물을 뜻합니다. 우리가 그리스도인의 삶을 살고 우리의 사명을 성취할 수 있는 능력을 하나님께서 날마다 우리에게 선물로 주신다는 뜻입니다. '은혜가 있기를 원한다' 는 말은 전형적인 헬라식 인사입니다.

평강(1:7). '평강이 있기를 원한다'는 말은 편지에서 흔히 쓰는 유대식 인사입니다. 평강이란 모든 관계가 온전하고 조화로운 상태를 말합니다. 사회적 조화, 신체적 건강, 하나님과의 친밀…. 이런 상태는 하나님께서 친히 자기 백성 가운데 임재하시는 메시야 시대에 완전히 실현될 것입니다. 바울은 은혜와 평강에 대하여 나중에 더 자세히 말합니다.

바울의 계획(1:8-15)

편지에서는 흔히 인사말에 이어, 받는 이의 후원과 기도에 대하여 감사하는 말이 나오는데, 앞으로도 계속 그렇게 해주기를 바라는 뜻이 담겨 있습니다.

3. 바울은 무엇에 대하여 하나님께 감사합니까? 1:8

4. 바울은 무엇을 위하여 기도합니까? 1:9-10

5. 바울은 왜 로마로 가기를 원합니까? 1:11-15

서신의 주제(1:16-17)

구원(1:16). 구원은, 소극적인 의미로는 모든 악—특히 죄, 사망, 하나님께 버림받은 상태—에서 건져 주시는 것이며, 적극적인 의미로는 영적, 육적으로 고쳐 주시는 것이요, 만복(萬福)을 베풀어 주시는 것입니다.[5]

하나님의 의(1:17). 의(義)란 하나님과의 관계에서 "올바른" 상태 또는 "죄 없다"고 선언된 상태를 말합니다. 이것은 법률 용어입니다.

믿음으로 믿음에(1:17). 문자적으로는 "믿음에서 믿음으로"라는 뜻. "처음부터 끝까지 믿음으로"라는 의미일 수도 있습니다.

❑ **묵상과 토의**
1:1-17에 나타난 바울의 성품과 우선순위는 무엇입니까? 그는 어떤 사람입니까?

❑ **선택 적용**
당신이 바울처럼 되려면 어떻게 해야 하는지 보여 달라고 기도하십시오. 바울처럼 되기 위해 당신이 할 수 있는 일은 무엇이며, 하나님께 맡겨야 할 일은 무엇인지 구체적으로 적은 다음, 기도하는 가운데 실천해 보십시오.

❑ **선택 적용**
하나님 앞에서 의롭다 하심을 얻을 수 있는 길을 보여 주신 것에 대해 하나님께 감사하십시오. 당신이 그 길을 온전히 깨닫고 순종하게 도와주시도록 기도하십시오.

❑ **선택 적용**
당신은 복음을 부끄럽게 생각하거나 부끄러워하며 행동한 적이 있습니까? 왜 그랬습니까? 복음을 부끄러워한 적이 있다면, 주님께 자백하고, 1:16-17을 묵상해 보십시오. 복음이 모든 믿는 자에게 구원을 주시는 하나님의 능력이 됨을 진정으로 확신케 해달라고 간구하십시오.

❑ **묵상과 토의**
어떻게 해서 복음은 좋은 소식입니까? 1:2-7,16-17

❑ **추가 연구**
빈 종이나 이 교재의 빈칸에 로마서의 개요를 작성하여 보십시오. 가능한 한 자세히 작성해 보십시오.

6. 바울은 어디서나 열심히 복음을 전하였습니다. 그는 번화한 로마에서도, 변방인 서바나에서도 복음 전하기를 원하였습니다. 왜 바울은 복음 전하는 것을 부끄러워하지 않습니까? 1:16

7. 복음은 어떻게 사람들이 구원을 얻을 수 있게 합니까? 1:17

8. 1:1-17에 나타나 있는 바울의 우선순위, 태도, 열망은 우리가 따라야 할 좋은 본입니다. 어떻게 그 본을 따를 수 있겠습니까?

당신의 응답

도움말 개요 작성

앞의 "1과 개관"에서 로마서 전체의 개요를 간단히 작성했습니다. 이제는 각 단락을 더 세부적으로 나누어 개요를 작성해 보십시오. 공부를 해나가면서, 또는 로마서 전체 공부를 마치고 나서 끝 무렵에 이렇게 자세히 개요를 작성해 보면, 편지의 흐름이 어떻게 전개되고 있는지 더욱 선명하게 파악할 수 있게 됩니다.

예를 들어, 1:1-17에서 반복되는 단어들을 생각해 본 다음, 편지의 내용을 간략하게 개요 형식으로 작성해 보십시오. 당신이 가지고 있는 성경에 단락 구분 표시가 되어 있으면 그것을 이용하여 각 단락에 간단히 제목을 붙여도 됩니다. 예를 들면 다음과 같습니다:

1. 서론(1:1-17)

   1) 인사: 부르심을 받은 자가 부르심을 받은 자들에게(1:1-7)

   2) 바울의 계획: 로마를 방문하기 원함(1:8-15)

   3) 바울의 주제: 하나님의 의(1:16-17)

9. 바울은 1:16-17에서 자기 편지의 주제를 말합니다. 이 구절을 묵상하면서 주제와 연관하여 질문을 최소한 두 개 이상 적으십시오. (앞으로 로마서를 공부해 나가면서, 바울이 그 질문에 어떻게 답하는지를 찾아보기 바랍니다.)

도움말 적 용

야고보서 1:22에서는, 성경 말씀을 듣기만 하지 말고 행하는 자가 되라고 명하고 있습니다. 그러므로 성경공부의 맨 마지막 단계는 '적용'이어야 합니다. 적용을 위한 질문을 자신에게 던져 보십시오. 이를테면, "이 말씀은 나의 삶에 어떤 의미가 있는가? 이 말씀을 나의 삶에 어떻게 적용할 수 있는가? 이 말씀에 비춰 볼 때 나는 어떤 생각이나 행동을 해야 하는가?… " 등등.

적용에는 시간과 생각과 기도가 필요하며, 어쩌면 다른 사람과 상의가 필요할 수도 있습니다. 때로는, 처음부터 한 가지를 구체적으로 정하여 집중적으로 깊이 생각하고 기도하는 것이 가장 생산적입니다. 그리고 어떤 때는 본문 말씀이 나의 삶에 대해 갖고 있는 여러 의미들을 죽 열거한 다음, 그중에서 하나를 택하여 집중적으로 기도하고 행동으로 옮길 수도 있습니다. 어떤 방법이든지 간에 자신에게 도움이 되는 방법을 사용하여 하나님의 말씀에 순종하는 일에서 더욱 자라 가도록 하십시오.

❑ 선택 적용

우리는 '믿음으로 말미암아' 의롭다 하심을 얻었고, '믿음으로 말미암아' 살고 있습니다. 이번 주에 믿음의 순종을 실천할 방법을 한 가지 찾아보십시오.

❑ 선택 적용

당신의 부르심(1:5-7)을 묵상해 보십시오. 이번 주에 어떻게 삶에서 실천할 수 있겠습니까?

적용 내용을 표현하는 방법을 몇 가지 예를 들면 다음과 같습니다. "다음 한 주 동안 …에 대하여 지속적으로 기도하자. 하나님의 능력과 인도를 구하자. 그리고 하나님의 능력을 힘입어 순종하기를 힘쓰겠다." "나는 …을 중지하고 싶다. 그 첫 단계로 …를 하겠다." "나는 내가 …할 수 있도록 성령의 도우심을 구하겠다." "나는 …에 대하여 하나님께 감사드린다." "나는 …를 시작하겠다."

10. 1:1-17에서 배운 내용 중, 지금 바로 당신에게 적용할 수 있는 것은 무엇입니까?

11. 그것을 당신의 삶에 어떻게 적용하겠습니까?

12. 이번 주에 그 적용 내용을 실천하기 위한 계획을 세워 보십시오. 구체적인 기도 제목과 행동 계획을 적어 보기 바랍니다.

13. 1:1-17에서 질문이 있으면 적으십시오.

소그룹 모임을 위한 지침

도입. 공부할 주제를 멤버들의 실제 삶과 연관시켜 간단한 질문을 던져 보면 그룹의 관심을 그날의 여러 가지 일들에서 성경공부로 전환시키는 데 도움이 됩니다. 이 질문에 대해서는 굳이 토의할 필요가 없습니다. 잠시 동안 조용히 그 질문에 대해 생각만 하는 것으로도 괜찮습니다. 이 과를 시작하는 데 던질 만한 도입 질문을 한 가지를 든다면 다음과 같습니다: "지난 일주일간 살면서, 하나님께 대한 믿음으로 행해야 했던 경우가 있었습니까? 한 가지만 생각해 보십시오." 또는 이런 질문을 던질 수도 있습니다: "우리는 예수 그리스도의 것으로 부르심을 입은 사람들입니다. 하나님께서 여러분을 처음에 어떻게 부르셨습니까?" 이와 같은 질문들은 멤버들이 서로를 더 잘 알 수 있게 도와줍니다.

소리 내어 읽기. 본문 말씀을 이미 읽고 공부해 왔겠지만, 그렇다 할지라도 공부할 본문 말씀을 다시 읽으면서 기억을 새롭게 하는 것이 좋습니다. 한 사람에게, 또는 돌아가면서, 1:1-17을 소리 내어 읽게 하십시오.

요약. 본격적인 공부에 들어가기에 앞서 공부할 부분을 짤막하게 요약해 보는 시간을 가지면, 나머지 토의를 진행하는 데 도움이 됩니다. 한 사람에게 1:1-17의 내용을 간단히 요약하여 발표하게 하십시오. 여기서는 아주 잘하려고 할 필요가 없습니다. 토의를 마친 후 다시 본문 말씀을 요약하는 시간을 갖게 됩니다.

문제. 문제 1과 4-7은 비교적 간단한 관찰 질문이므로, 가능한 빨리 다루고 넘어가도록 하십시오. 시간이 있으면 "묵상과 토의" 질문 중에서 관심 있는 것을 한두 개 토의하십시오. 그러나 적어도 토의 시간의 절반은 문제 2,8,10-12와 같은 적용 질문들에 할애하기 바랍니다. 본문 말씀이 각자에게 주는 의미를, 일반적인 것이든 구체적인 것이든 가능한 한 많이 생각해 보십시오. 아무나 자신의 부르심, 믿음, 의, 성도가 됨 등등에 대하여 이 과에서 배운 바를 나누게 하십시오.

문제 9에서 제기되는 질문의 예를 들면 다음과 같습니다. 공부를 해가면서 답을 해보기 바랍니다.

복음은 어떻게 구원을 주시는 하나님의 능력이 되는가?
우리가 이 구원을 얻기 위하여 무엇을 믿어야 하는가?
구원이 왜 첫째는 유대인을 위한 것인가?
복음에 나타난 하나님의 의는 무엇인가?
이 의가 "믿음으로 말미암는다"는 것은 무슨 뜻인가?
그것은 왜 믿음으로 말미암는가?

그룹 멤버들이 서로 잘 모르면, 개인적인 내용을 깊이 나누기를 망설일 수도 있습니다. 그룹 성경공부의 유익 중의 하나가 서로 자극과 격려와 도움을 주고받음으로 믿음과 거룩함에서 성장하기를 힘쓰게 되는 것입니다.

하지만 멤버들의 마음이 아직 준비도 안 되었는데 억지로 서로 친밀해지도록 강요해서는 안 됩니다. 그룹 멤버들 사이에서 적극적으로 나누기를 주저하는 분위기가 느껴진다면, 인도자인 당신이 본문 말씀을 어떻게 자신의 삶에 적용하고 있는지 몇 가지를 먼저 나누어 본을 보여 주도록 하십시오. 또한 공부 시간만이 아니라 그 외의 시간에도 멤버들이 서로를 신뢰하고 솔직하게 자신을 나눌 수 있는 분위기가 형성되도록 노력하십시오.

예를 들면, 다음번 모임에는 시작할 때 각자의 배경에 대하여 서로 나누는 시간을 가져 볼 수도 있습니다. 도입 질문들이 여기에 도움이 됩니다. 또는 성경공부와는 별도로 함께 모이는 시간을 마련해 볼 수도 있습니다. 아무튼 성경공부 모임이라 해서 그룹이 학적인 분위기로만 흐르지 말고, 그 이상의 것이 오가는 곳이 되도록 여러 가지를 시도해 보십시오.

본문 말씀에 대하여 질문이 있으면 누구든 나눌 수 있는 기회를 주십시오(문제 13). 그 질문들에 대하여 인도자가 바로 답하기보다는 가능한 한 그룹 멤버들이 답을 해보도록 격려하십시오. 공부하는 본문 말씀에서 바로 답을 찾을 수 있으면 그렇게 하되, 계속 로마서를 공부하면서 나중에 가서 답을 할 수 있는 질문이라면 적어 두십시오. 그런 질문들은 로마서 공부를 마칠 무렵에 다시 다룰 수 있을 것입니다.

요약. 1:1-17은 요약하기가 퍽 쉬운 부분이어서, 처음 시작할 때 요약한 것과 내용이 거의 같을 수도 있습니다. 하지만, 좀 더 어려운 부분으로 가면 토의를 마친 후 요약해야 훨씬 더 잘할 수 있을 것입니다.

마무리.

마침. 구원하는 능력이 있는 "그의 아들의 복음"(1:9)을 인하여 하나님께 감사하십시오. 1:1-17에서 배우고 깨달은 내용에 대하여 하나님께 감사하십시오. 그리고 하나님께서 각자의 삶에서 행하고 계시는 일에 대하여 감사하십시오.

1. Roland de Vaux, *Ancient Israel: Volume 1: Social Institutions* (New York: McGraw-Hill Book Company, 1961), p. 80; *The NIV Study Bible*, pp. 108, 1074, 1076.
2. Erich von Eicken and Helgo Lindner, "Apostle," *The New International Dictionary of New Testament Theology*, volume 1, edited by Colin Brown (Grand Rapids, MI: Zondervan Corporation, 1975), p. 128.
3. *The NIV Study Bible*, p. 1505.
4. Cranfield, p. 8.
5. Colin Brown, "Sozo," *The New International Dictionary of New Testament Theology*, volume 3 (1978), pp. 205-213.

3 과

로마서 1:18-32

하나님의 진노

"복음에는 하나님의 의가 나타나 있다"(1:17)고 바울은 말합니다. 복음은 사람이 하나님과 올바른 관계에 이르는 길입니다. 이 길이 왜 중요합니까? 바울은 그 이유에 대하여 설명을 시작하면서, 먼저 독자들의 주변에서 나타나고 있는 세상의 실상을 언급합니다. 바울 당시든 오늘날이든 잠시만 거리를 걸어 보면, 인류의 타락 상태가 어느 정도로 심각한지를 금방 알 수 있습니다. 1:18-32을 읽으면서 자기가 살고 있는 사회를 생각해 보십시오.

도움말 연관 짓기

바울의 편지를 더 깊이 파고들면서, 각각의 구절이 바로 앞의 구절과, 그리고 편지의 주제인 하나님의 의와 어떻게 연관되는지를 알아보는 것이 중요합니다. 위의 도입 글은 1:18-32이 주제와 어떻게 연관되는지 보여 줍니다.

앞으로 공부하면서, 당신이 직접 이러한 연관 짓기를 하게 될 것입니다. 다음 두 가지 질문을 기억해 두기 바랍니다.

1. 이 단락에서 다루고 있는 전반적인 요지는 무엇인가?
2. 이것은 앞뒤의 내용과 어떤 연관이 있는가?[1]

25-26쪽의 개요, 또는 성경핸드북이나 주석성경류에 나와 있는 개요를 참조하면 이러한 연관 짓기에 도움을 얻을 수도 있습니다. 각 단락을 공부하기 전에 개요를 한 번 훑어보십시오.

1. 1:18-32의 요지는 무엇입니까?

2. 사람들이 불의로 진리를 막고 있다(1:18)고 하였는데, 어떤 진리를 막고 있습니까? 1:19-20

3. 사람들은 그 진리를 어떻게 막았습니까?

그들이 하지 않은 것(1:21)

그들이 한 것(1:22-23,25)

4. 불의로 진리를 막는 것은 인류에게 많은 영향을 미쳤습니다. 1:24-32에서 어떤 결과들을 열거하고 있습니까?

1:24

1:26-27

❑ 묵상과 토의

1:20에서 말한 내용에도 불구하고, 많은 사람들은 하나님께서 만드신 만물 속에서 하나님의 영원하신 능력과 신성을 인식하지 못하고 있습니다. 그 이유가 무엇입니까? 1:21

❑ 묵상과 토의

1:21에서, 사람들은 하나님을 알되 하나님으로 영화롭게도 아니하며 감사치도 아니하고 오히려 그 생각이 허망하여지고 미련한 마음이 어두워졌습니다. 그 이유가 무엇입니까?

❑ 묵상과 토의

1:18에서 하나님께서는 불의에 대해서 왜 진노하십니까? 이것은 사랑의 하나님이신 하나님의 본성과 모순되는 것입니까? 왜 그렇습니까(그렇지 않습니까)?

❑ 묵상과 토의

하나님께서 만드신 만물이 하나님의 영원하신 능력과 신성을 계시하는 방법을 몇 가지 들어 보십시오. 1:20

❑ 선택 적용

1. 악하여진 사람들은 하나님을 알되 하나님을 영화롭게 하지도, 하나님께 감사치도 아니하였습니다(1:21). 하나님께서는 왜 사람들에게서 영광과 감사를 받으시는 것이 합당하십니까?

2. 이번 주에 당신의 삶에서 어떻게 하면 이 두 가지를 우선순위에 두고 실천할 수 있겠습니까?

❑ 묵상과 토의

부모를 거역하는 것(1:30)이 왜 이 죄악의 목록에 들어 있습니까?

1:28-31

1:32

5. 불의로 진리를 막음으로 초래된, 무엇보다 중대한 결과는 생각이 허망하여지고 마음이 어두워진 것입니다(1:21). 허망하여진 생각과 어두워진 마음, 이것은 1:24-32에 있는 모든 죄의 뿌리가 됩니다. 당신이 습관적으로 범하는 잘못 하나를 생각해 보십시오. 어떻게 그것이 허망하여진 생각과 어두워진 마음에 그 뿌리를 두고 있습니까?

6. 사람들은 왜 마음에 하나님 두기를 싫어합니까? 1:28

7. 1:18,21,28에 비추어 볼 때, 사람이 복음을 깨닫고 죄를 버릴 수 있으려면 그 전에 그 사람 안에서 어떤 변화가 있어야 합니까?

8. 하나님께서 사람들을 타락한 마음을 따라 타락한 행동을 하도록 내어 버려두신(1:24,26,28) 이유가 무엇입니까? 1:21-23,28에 비춰 볼 때, 이것은 왜 합당합니까?

9. 사람들을 그들의 타락한 마음과 행동대로 내어 버려두신 것은 궁극적으로 무엇을 위해서였습니까? (에스겔 20:25-26,38-39,43-44, 아모스 4:6-11 참조.)

당신의 응답

1:18-32에서, 바울은 불의로 진리를 막는, 악하고 부도덕한 사람들에 대해 묘사하였습니다. 그들에 대해서는 하나님의 진노가 나타날 것입니다. 이 단락을 요약하는 방법으로, 그들이 어떤 사람이며 무엇을 하는지를 적어 볼 수도 있습니다. 또 적용을 위한 방법으로, 당신 자신을 그들과 비교해 보고, 당신이 회개해야 할 것이 무엇인지 알아볼 수도 있을 것입니다.

그러나 여기서는 그 반대의 접근법을 취하고자 합니다. 1:18-32을 다시 읽으십시오. 문제 10의 빈칸에 바울이 정죄하고 있는 것의 반대가 되는 특성을 열거하십시오. 그렇게 해보면 하나님께서 원하시는 거룩한 사람이 어떤 사람인지를 알게 됩니다. 개인 적용을 위해서, 이 목록에 비추어 자신을 평가해 보십시오.

❑ **선택 적용**
1:24-32에 적은 죄악의 목록 중에서 당신이 회개해야 할 영역이 있습니까? 탐욕, 시기, 분쟁, 사기, 교만, 자랑, 거역… 등 하나하나 생각해 보십시오.

❑ **묵상과 토의**
하나님께서 사람들을 부끄러운 욕심과 그 상실한 마음대로 '내어 버려두셨다'는 것은 무슨 의미입니까?

❑ **선택 적용**
문제 6과 7에 대한 당신의 대답을 다시 살펴보십시오. 사람들에게 전도하고 그들을 위해 기도하는 면에서 어떻게 적용할 수 있겠습니까?

❑ **묵상과 토의**
1:18-32은 당신 주위의 세상과, 또 예수님을 믿기 전 당신의 삶을 어느 정도나 묘사하고 있습니까?

❑ **추가 연구**

1:18-32의 개요를 작성하여 1:1-17의 개요 다음에 첨가하십시오. 1:18-32은 1:16-17에 나타난 로마서의 주제와 어떤 연관이 있는지 살펴보십시오.

10. 부도덕한 사람(1:18-32)의 반대인, 거룩한 사람의 특성은 무엇입니까?

11. 방금 열거한 특성 중 하나에 동그라미를 하십시오. 당신이 이 수준에 어떻게 미치지 못하고 있는지 하나님께 자백하고 용서를 구하십시오. 이 영역에서 더욱 거룩한 사람이 될 수 있게 하여 달라고 기도하십시오. 이 경건한 특성을 삶에서 나타내기 위해 당신이 힘써야 할 행동은 무엇이며, 지속적으로 기도해야 할 내용은 무엇인지 보여 주시도록 하나님께 구하십시오. 아래에 당신의 계획을 적으십시오.

12. 1:18-32에서 질문이 있으면 적으십시오.

소그룹 모임을 위한 지침

도입. 도입 방법으로 두 가지를 예로 들면 다음과 같습니다.

1. 지난주 동안 하나님께서 만드신 만물을 통해서 하나님의 영원하신 능력과 신성을 본 적이 있으면 한 가지만 말해 보십시오.

2. 이번 주에 하나님께 감사를 드린 적이 있다면, 무엇 때문에 감사를 드렸는지 하나만 말해 보십시오.

소리 내어 읽기.

요약. 1:18-32은 어떤 내용입니까? 그것은 이 서신의 주제('하나님의 의의 복음')와 어떻게 부합합니까?

문제. 관찰 질문(문제 2-4)은 빨리 다루고 넘어가고, 해석 질문(문제 5-10)과 적용 질문(문제 5와 11)에 시간을 많이 할애하도록 하십시오. 괜찮다면 선택 질문들을 가능한 한 많이 다루십시오. 이들 중 대부분이 우리가 불신자들에게 복음을 설명하려고 할 때 만나는 이슈들을 다루고 있습니다. 어떤 것은 사람들이 묻는 질문입니다: "사람들의 죄에 대해 진노하시는 하나님이 어떻게 동시에 사랑도 하실 수 있는가?" 어떤 것은 우리가 복음을 올바로 나누기 위해 알아야 할 진리입니다: "사람들과 하나님 사이의 진정한 장벽은 무엇인가?"

1:18-32에 당신의 과거 또는 현재의 모습, 그리고 당신 주위의 세상이 어떻게 묘사되어 있는지 토의를 해보면, 적용할 내용을 찾기가 더 쉬워집니다. 사람들은 오늘날 하나님에 대한 진리를 어떻게 막고 있습니까? 그들은 하나님을 영화롭게 하고 감사하고 있습니까? 어떤 식으로 그들의 생각은 허망하여졌습니까? 그들은 피조물을 어떻게 경배하고 섬기고 있습니까? 1:29-32에 기록된 죄들은 얼마나 보편적입니까?

우리는 대부분 정도의 차이는 있겠지만 어느 정도는 하나님을 향하여 이러한 죄악 된 습관과 태도를 지니고 있습니다. 우리는 하나님께 감사하지 않고 있고, 우리의 마음은 어두워져 있습니다.… 모임을 마칠 때 시간을 내어 서로를 위해 기도하십시오. 그리고 우리가 알고 있는 사람들이 이러한 죄들을 모두 온전히 버리게 되도록 기도하십시오.

다행스럽게도, 그룹 멤버들은 로마서 전체를 이미 읽었기 때문에 1:18-32의 고발이 무엇으로 이끌고 있는지 알고 있습니다. 하지만, 1:18-32을 삶에 어떻게 적용할지를 토의할 때, 그룹 멤버들에게 다음 사실을 상기시켜 주기 바랍니다. 즉, 우리가 그리스도를 믿고 있다면, 우리가 아직까지 가지고 있는 모든 죄악 된 습관들에 대해 이미 하나님의 용서를 받았으며, 또한 성령께서 우리를 변화시키기 위해 역사하고 계신다는 사실입니다(8:1-39). 따라서 우리는 1:18-32에 있는 죄 중 우리에게 있는 것이 있으면 버릴 수 있도록 도와 주시도록 하나님께 구할 수 있습니다. 필요하다면 요한일서 1:8-10을 함께 읽은 다음, 그리스도인이 1:18-32을 읽고 죄를 깨달은 경우 어떻게 하면 되는지 물어보십시오.

1. Fee and Stuart, pp. 51-52.

4 과

로마서 2:1-29

하나님의 기준

1:18-32을 공부할 때 주위의 세상을 향해 손가락질하려는 마음이 강하게 들었습니까? 바울의 편지를 받은 로마의 그리스도인들도 아마 이방인 이웃들을 먼저 떠올렸을 것입니다. 주위의 이교도, 불신자, 우상숭배자들을 말입니다. "선한" 유대인이나 "도덕적인" 이방인은 이런 사람들에게 임하는 하나님의 진노에 박수를 쳤을지도 모릅니다. 그러나 바울은, '하나님의 진노'와, '믿음으로 말미암는 하나님의 의'가 오직 몇몇 특히 악한 죄인들만을 위한 것이라고 생각하는 사람이 아무도 없기를 바랐습니다. 바울은 2:1-29 내용을 특히 그의 동족 유대인들에게 말했습니다. 유대인들은 이방인들의 우상숭배와 도덕적 부패에 대해 그들을 경멸하는 경향이 있었습니다. 그러나 본문 말씀은 스스로 의롭다 생각하는 이방인들에게도 동일하게 적용됩니다.

2:1-29을 읽으면서 전체적인 메시지가 무엇인지, 그리고 1:16-32과 어떤 연관성이 있는지 생각해 보십시오.

하나님의 공평하심(2:1-16)

1. 2:1-16에서 바울이 말하고자 하는 주된 요점은 무엇입니까?

❑ **묵상과 토의**

하나님께서 어떤 사람의 죄를 바로 벌하지 않고 참으실 때 우리는 어떤 태도를 가져야 합니까? 2:1-4

도움말 접속어

접속어는 문맥을 파악하는 데 있어 실마리가 됩니다. 접속어에는 다음과 같은 것들이 있습니다.

때: …(한) 후, …(할) 때, …(하기) 전에, …(하기)까지, …(하는) 동안

장소: …에(서)

이유/원인: … 때문에, …므로, 왜냐하면

결과/결론: …(하게) 되어, 그러므로, 따라서, 그리하여

목적: …(하기) 위하여

역접(대조): …지만, … 불구하고, 그렇지만, 그러나, 그렇지 않으면, 반면

비교: … 또한, …처럼(같이), …듯이, …과(와) 마찬가지로

원천: …에 의해, …을 통해, …로부터

나열: 그리고, 무엇보다 먼저, 마지막으로, 또는

예를 들어, 2:1의 "그러므로"라는 말은 2:1-16과 1:18-32을 이어 줍니다. 악한 사람들은 하나님을 영화롭게 하고 순종해야 한다는 것을 알고 있고, 그들이 잘못 행하고 있다는 것을 알고 있으며, 잘못된 행동에 대한 형벌을 알고 있기에, 핑계치 못합니다(1:20,32). "그러므로" 같은 일을 행하는 당신도 핑계치 못하는 것입니다(2:1-2).

앞으로도 접속어들을 활용하여 편지의 흐름을 파악하여 보십시오.

판단(2:1). 우리는 어떤 사람의 교훈이나 행동이 바른지를 잘 분별할 줄 알아야 합니다(마태복음 7:15-20, 디모데후서 2:23-4:5). 필요하다면, 죄를 범한 사람을 책망도 할 수 있어야 합니다(누가복음 17:3-4, 갈라디아서 6:1). 책망할 때는 온유한 심령과 사랑의 눈길로 하여 그가 회개에 이르도록 도와주어야 합니다.

또한 그 사람을 대면하기에 앞서 그에 대하여 경멸감, 우월감,

정죄하는 태도, 자기의(自己義) 등의 감정이나 태도가 있는지 살펴보고 그런 것이 있으면 다 죄임을 알고 하나님께 자백하여야 합니다(마태복음 7:1-5).

2. 사람들이 하나님께서 미워하시는 것들을 행한다면 무엇을 받아 마땅합니까? 1:32, 2:2

3. 당신이 최근 지은 어떤 죄에 대하여 그에 상응하는 벌을 받아 마땅한데 하나님께서 참으신 적이 있습니까? 만일 그렇다면, 하나님께서 왜 그렇게 하셨습니까? 2:4

4. 왜 다른 사람들의 죄에 대해 그를 판단해서는 안 됩니까? 2:1-4

율법(2:12). 모세의 율법. 대부분의 유대인들은 하나님의 말씀을 알고 있다는 것을 자랑스럽게 여기면서 그것을 모르는 이방인들을 경멸했습니다(2:17-20). 많은 유대인들은, 자신이 유대인으로 태어났고 또 하나님의 말씀을 알고 있기 때문에, 하나님께서 당연히 그들에게 영원한 생명을 주실 것이라 믿었습니다.

당시 유대인과 이방인이 각자의 편견을 극복하고 그리스도인으로서 함께 살아가며 함께 예배를 드리기란 참으로 쉽지 않은 일이었습니다.

❑ 묵상과 토의

죄인들을 향한 하나님의 인자하심과 용납하심과 길이 참으심(2:4)을 당신은 어떻게 경험하였습니까?

❑ 선택 적용

1. 당신은 지난주에 어떤 사람을 판단한 적이 있습니까? 만일 그렇다면 그 이유는 무엇입니까?
2. 당신의 태도를 변화시켜 달라고 기도하십시오. 2:1이나 2:4을 암송하십시오.

❑ 추가 연구

어떤 그리스도인의 삶에서 어떤 것이 잘못되었다는 생각이 들 때, 우리가 따를 수 있는 지침은 무엇입니까? 마태복음 5:23-24, 18:15-20, 갈라디아서 6:1-5, 히브리서 3:12-13 참조.

5. 하나님께서 사람들을 판단[심판]하시는 기준은 무엇입니까?

하나님의 율법을 아는 유대인(또는 그리스도인)(2:6-13)

하나님의 율법을 모르는 이방인(2:6-12)

6. 하나님의 기준에 따라 평가해 볼 때, 당신이 장차 받게 될 상 또는 벌은 무엇이라고 생각합니까? 2:9-10

의롭다 하심(2:13). 이 말은 본래 법적 개념으로, 어떤 사람에 대한 고소에 대해 법적으로 "죄 없다, 올바르다"라고 선언하는 것입니다. 로마서에는 이 말이 자주 나오는데, 앞으로 이 말이 어떻게 사용되고 있는지 주목하여 보십시오.

율법 없는 이방인이 본성으로 율법의 일을 행할 때는…(2:14-16). 이 구절에 대해서는 여러 가지 해석이 있는데, 한 가지를 들면 다음과 같습니다. "이방인 불신자들 안에도, 태어나면서부터 가지고 있거나 성장하면서 학습에 의해 습득된, 그 나름의 도덕률이 있다. 따라서 그들도 때로는, 그 도덕률에 순종하여 하나님의 법이 요구하는 바를 행한다. 그 도덕률에 따라 그들이 행한

❑ 묵상과 토의

사람들 중에는 자기 가족이 그리스도인이기 때문에, 자기가 교회에 나가기 때문에, 또는 자기가 성경을 알고 있기 때문에, 자기는 구원받았다고 믿고 있는 사람들이 있습니다. 하나님께서는 이런 사람들을 어떤 기준에 의하여 판단(심판)하십니까? 2:5-11

❑ 추가 연구

하나님께서는 그리스도를 믿는다고 주장하는 사람들을 어떤 기준에 의하여 판단하십니까? 마태복음 7:21-23, 25:31-46, 누가복음 12:47-48, 에베소서 4:1, 히브리서 11:1-12, 야고보서 2:14-26, 요한일서 1:8-2:6 참조.

선과 악에 대해 심판 날에 그들의 양심이 증거할 것이다. 물론, 아무리 선한 사람이라도 자기 안에 있는 그 법이 요구하는 수준에 도달하지 못할 것이고, 그들은 그 법에 의해 심판을 받을 것이다."[1]

유대인의 불순종(2:17-29)

이제 바울은 하나님의 기준을 유대인들에게 적용합니다. 유대인들은 이웃 사람들을 판단하고 스스로 의롭다고 생각하는 경향이 많았습니다. 당신은 어느 정도나 유대인들과 비슷한지 생각해 보십시오.

7. 어떤 유대인들은 하나님께서 그들을 이방인들보다 낫게 여기신다고 생각했습니다(2:17-20). 그 이유가 무엇입니까?

신사(神社) 물건을 도적질하느냐(2:22). 당시 이방 신전들에는 대개의 경우 재물이 많았습니다. 에베소의 서기장이 바울을 변호하면서, 전각의 물건을 도적질하지도 아니하였다고 한 것을 근거로 하여(사도행전 19:37), 당시 유대인들 중에 실제로 신전의 물건을 도적질하는 이들이 있었다고 주장하는 사람들도 있습니다.[2]

하나님의 법은 이스라엘에게 가나안의 이방 신전들을 파괴하라고 명령하였고(신명기 7:1-6), 열심 있는 유대인들은 이 명령을 실행하였습니다. 그러나 그들은 자주 그 법을 어기고 이방 신전의 보물들을 착복하기도 하였습니다(신명기 20:16-18, 여호수아 6:18-19, 7:1,20).

❑ 묵상과 토의

1. 하나님의 도우심 없이 당신 혼자 힘으로 율법을 다 지킬 수 있다면, 그리스도께서 하신 일을 믿지 않아도 하나님께서 당신을 의롭다고 하실까요? 왜 그렇습니까(그렇지 않습니까)? 2:13
2. 실제로 만인 공통의 도덕률을 철저히 다 지키며 살고 있는 사람이 있습니까? 1:21,28, 3:10-11

❑ 선택 적용

2:1-16의 내용 중에서, 우리가 불신자들에게 복음을 전할 때 나누어야 할 핵심 진리는 무엇입니까? 열거해 보십시오.

❑ **묵상과 토의**

1. 그리스도인들은 때로 2:23-24에 묘사한 것과 같은 죄를 어떻게 범합니까?

2. 하나님과의 관계나 하나님의 말씀에 대한 지식을 우쭐대며 '자랑'하는 그리스도인들에게 2:17-24은 무엇을 말해 줍니까?

❑ **선택 적용**

2:17-24에서 자신에게 해당되는 것이 있으면 자백하십시오. 하나님께 당신의 태도를 변화시켜 주시며, 또한 당신이 이번 주에 이 영역에서 실패할 때 깨닫게 하여 주시도록 기도하십시오. 2:17-24을 날마다 묵상하고, 적어도 한 구절을 암송하십시오.

❑ **선택 적용**

29절에서 성령으로 말미암아 마음에 할례를 행하라고 하였는데, 그 의미를 묵상해 보십시오. 이 내적 할례를 실천할 수 있는 실제적인 방법을 한 가지 생각해 보십시오.

8. 유대인들이 이방인들보다 낫지 않다는 것이 어떻게 증명되었습니까? 2:21-24

9. 오늘날의 그리스도인들을 2:17-24에 묘사한 유대인들과 비교해 보십시오. 바울이 우리에게 주는 메시지는 무엇입니까?

할례(割禮)(2:25). 남자의 양피(陽皮)를 베어 잘라 내는 의식으로서, 유대인임을 보여 주는 표였습니다. 하나님께 순종하는 삶을 살기로 헌신했음을 보여 주는 것이기도 하고, 만일 하나님을 배반하면 그와 그의 후손을 언약의 백성 중에서 끊어 버리실 것을 하나님께 청하는 것이기도 합니다(창세기 17:14).[3] 그러나 많은 유대인들은 그 의식만 치르면 하나님의 백성으로서의 신분을 보장받는다고 생각하게 되었습니다.

모세와 선지자들은 그 의식에 "마음의 할례"(신명기 10:16, 30:6, 예레미야 4:4)가 수반되지 않으면 무의미하다고 이스라엘에게 경고하였습니다.

---

10. 로마서 2:25-29에 따르면, 마음에 하는 할례란 무엇이며, 그것은 어떻게 나타납니까?

11. "물론 하나님도 율법도 모르는 저 이방인들은 인간쓰레기와 같은 존재들이니 하나님의 진노의 심판을 받아 마땅하다. 하지만 하나님의 말씀을 알고 있는 우리 유대인들은 어떻게 되는가? 우리도 저들처럼 하나님의 진노의 심판을 받게 되는가?" 이 질문에 답하는 것이 로마서 2장에서 바울의 목표입니다. 2:1-29에서 바울이 어떻게 대답하고 있는지를 요약하십시오.

12. 3과에서는 부도덕한 사람의 반대를 묘사했습니다. 이제, 2:1-4,17-29을 다시 읽고, 자기의(自己義)를 내세우지 않는 거룩한 사람의 특성을 열거해 보십시오.

13. 문제 12의 대답에 비추어 자신을 평가해 보십시오. 이 기준에 미치지 못한 것이 있으면 하나님께 자백하고, 하나님의 용서를 구하십시오. 이번 주에 이 내용을 실천하기 위해 취할 수 있는 행동은 무엇입니까?

❑ 선택 적용
당신은 어떤 식으로 사람에게서 칭찬을 구하며, 어떤 식으로 하나님에게서 칭찬을 구합니까(2:29)? 하나님에게서만 칭찬을 구하는 것은 가정이나 직장에서 당신의 행동에 어떤 영향을 미치겠습니까? 적어도 한 가지 구체적인 방법을 생각하고, 그것을 실천에 옮기십시오.

❑ 묵상과 토의
로마서 2장에서 하나님에 대하여 무엇을 배울 수 있습니까?

❑ 추가 연구
2:1-29의 개요를 작성한 후, 1:18-32과 어떻게 연관되는지를 살펴보십시오.

14. 로마서 2장에서 질문이 있으면 적으십시오.

소그룹 모임을 위한 지침

도입. 이런 질문을 던져 볼 수 있습니다. "각자 자신의 행동을 한번 돌아봅시다. 여러분의 행동은 하나님을 영화롭게 할까요, 하나님을 욕되게 할까요? 불신자들은 여러분의 행동을 보고 하나님께 영광을 돌리게 될까요, 아니면 하나님을 거부하게 될까요? 왜 그렇습니까?"

소리 내어 읽기.

요약.

하나님의 공평하심. 2:1-16에서 다음에 초점을 맞추십시오. 1) 하나님의 성품과 기준은 무엇인가? 2) 우리는 어떻게 그 기준에 도달할 수 있는가? 3) 우리가 취해야 할 태도와 행동은 무엇인가?

이 단락의 어떤 구절을 가지고 논쟁이 벌어질 수도 있는데, 예를 들면 14-16절 같은 구절이 그렇습니다. 어느 해석이 정확한가를 가지고 길게 논쟁하지 말기를 바랍니다. 그보다는 주요 이슈들에 초점을 맞추어 토의하고, 구체적으로 적용할 것들을 찾아보십시오.

다른 과도 마찬가지지만, 반드시 이 과의 모든 문제를 일일이 다 다루어야 할 필요는 없습니다. 그룹 멤버 중 한 사람에게 이 단락의 요지를 간략하게 설명해 보게 한 다음, 여백에 있는 질문들을 다루어도 좋습니다. 그룹 멤버들이 복음을 잘 알고 있다면,

본문에 있는 관찰 질문들보다는 여백에 있는 좀 더 깊이 있는 질문들에 더 흥미를 보일 수도 있기 때문입니다. 이 교재에 지나치게 매이지 말고 융통성을 가지고 사용하기 바랍니다. 각자에게 흥미가 있는 것은 무엇이든 탐구해 보도록 격려하십시오. 번호가 매겨진 본문의 문제와 여백에 있는 문제들 중에서 그룹에 맞는 토의 질문들을 선택하십시오.

유대인들의 불순종. 다음 틀을 사용하면 어떤 단락이든 거의 대부분 체계적으로 연구할 수 있습니다. 오른쪽에 있는 괄호 안의 문장은 예로 든 것입니다.

문맥 (2:17-29은 2:1-16과 어떤 관련이 있는가?)
관찰 (바울은 유대인의 잘못된 태도와 우리의 올바른 태도에 대하여 무엇이라고 말하는가?)
해석 ("할례는 마음에 할지니"라는 말은 무슨 의미인가?)
적용 (나는 바울이 책망하는 유대인들과 어떤 면에서 비슷한가? 내가 고쳐야 할 태도와 행동은 무엇이며, 어떻게 하면 고칠 수 있는가?)
요약 (2:17-29의 전체적인 요지는 무엇인가?)

함께 성장함. 서너 번째 모임이면, 그룹 멤버들은 자신의 약점도 나눌 수 있을 만큼 서로를 잘 알게 됩니다. 복음의 교제(빌립보서 1:5)에는 신뢰라는 요소가 있어야 합니다. 서로를 신뢰해야 하고, 또 내 자신이 신뢰할 수 있는 사람이 되어야 합니다. 또한 서로를 위해 기도해 주고 서로 격려할 책임이 있습니다. 각자가 자기가 원하는 게 뭐고, 애쓰고 있는 게 무엇인지, 그리고 성공과 실패들을 털어놓을 때, 듣는 사람들은 사랑과 겸손과 용납을 실천하고 서로에 대한 관심을 나타낼 수 있는 기회를 갖게 됩니다. 또, 하나님의 은혜를 힘입어 인격에서 성장하는 법, 그리고 실패할 때 반응하는 법… 등을 서로에게서 배울 수 있습니다. 이러한 일에 진지한 태도로 임하도록 권면하십시오. 그룹 인도자인 당신이 먼저 나눔으로써 본을 보이는 것이 좋습니다. 예를 들면, '다른 사람의 잘못이나 결점을 용서하고 용납하는 면에서 더욱 성장하기를 원한다, 하지만 쉽지 않다, 그래서 이를 위해서 뭘 할 거다' 등등.

요약.

마무리. 다음 5과는 길기 때문에 나누어서 두 주에 걸쳐 공부하기로 할 수도 있습니다. 그렇게 하기를 원하면 미리 계획을 세우십시오.

마침. 2장에서 하나님에 대하여 배운 바들을 생각해 보고, 그것들에 대하여 하나님을 찬양하십시오. 이번 주에 각자를 위하여 하나님께서 해주신 일들에 대하여 감사하십시오.

율 법

무슨 "율법"에 의해 하나님께서는 인간의 행동을 판단하시는가(2:6,12-15)? 예수님께서는 몇 가지 실마리를 제공하십니다. 누가복음 18:18-27에 보면, 어떤 사람이 예수님께 영생을 얻으려면 어떻게 해야 하느냐고 물었을 때, 예수님께서는 십계명(출애굽기 20:1-17) 중 몇 가지를 들어 대답하셨습니다. 그 사람은 그 시험에 떨어졌습니다. 그가 탐하는 재물을 포기하고 예수님을 주님으로 따르기를 거부했기 때문입니다(출애굽기 20:1-3,17과 비교). 그러나 예수님께서는 그의 이러한 실패에도 불구하고 소망이 있음을 암시하십니다(누가복음 18:24-27).

또한, 누가복음 10:25-28에서, 또 다른 사람이 예수님께 동일한 질문을 합니다. 예수님께서는 그 사람을 구약성경에서 가장 큰 두 계명으로 안내합니다. 하나님을 사랑하고 네 이웃을 사랑하라(신명기 6:5, 레위기 19:18)는 계명입니다. 두 사람에게 하신 교훈이 비슷합니다: 하나님을 사랑하고[나를 좇으라], 네 이웃을 네 몸과 같이 사랑하라[네게 있는 것을 다 팔아 가난한 자들에게 나눠 주라]. "이 두 계명이 온 율법과 선지자[구약성경 전체]의 강령(綱領)"(마태복음 22:40)이라고 예수님께서는 말씀하십니다. 바울은 로마서 13:8-10에서 바로 이 원리를 다시 말합니다. 요한복음 13:34-35과 15:12-14에서, 예수님께서는 사랑의 법을 심화시키십니다. '네 자신에 대한 사랑 이상으로 다른 사람들을 사랑하라. 그리하여 나에 대한 너의 사랑을 나타내 보여라.'

1. Cranfield, pp. 50-54.
2. John Murray, *The Epistle to the Romans*, (Grand Rapids, Michigan: William B. Eerdmans Publishing Company, 1959), pp. 83-84.
3. *The NIV Study Bible*, p. 31.

5 과

로마서 3:1-31

나쁜 소식과 좋은 소식

지금까지 살펴보았듯이, 로마서 1:18-2:29은 엄중하게 우리를 고발하는 내용입니다. 그런데 바울은 고발하는 것으로 끝나지 않습니다. 나쁜 소식을 우리에게 들려줍니다. 우리는 이 나쁜 소식을 접하고 나서야, 복음이 얼마나 좋은 소식인지 그 중요성과 위대성을 깨닫게 됩니다. 3:1-31을 기도하는 마음으로 읽으십시오. 33-34쪽의 개요를 훑어보십시오. 방향을 잡는 데 도움이 될 것입니다.

여러 가지 반론(3:1–8)

1:18-32에서 바울은 인류의 죄악 됨을 폭로합니다. 하나님께서는 유대인과 이방인 모두를 그들의 행위에 의하여 공평하게 판단[심판]하십니다(2:1-16). 유대인이라도 하나님의 법을 지키지 않는다면, 하나님을 안 믿는 할례받지 않은 이방인만큼이나 악하며, 하나님께 순종하는 이방인보다는 더더욱 악합니다(2:17-29). 이러한 죄에 대하여 하나님의 진노가 하늘로부터 나타납니다(1:18). 유대인을 이방인과 똑같이 취급하는 바울의 이러한 태도는 유대인의 반발을 사게 되고, 3:1-8에서 바울은 이러한 반발에 대해 대답합니다. 유대인이라는 신분이 구원을 보장해 주지 않는다면, 그러면 유대인의 나은 점은 무엇인가(3:1)? "범사에

많으니, 첫째는 저희가 하나님의 말씀[성경]을 맡았음이니라"(3:2)고 바울은 말합니다.

1. 바울은 유대인의 나음과 유익으로 하나님의 말씀을 맡은 것을 제일 먼저 들고 있는데, 하나님의 말씀을 맡은 것이 어떻게 하여 유익이 됩니까? 신명기 4:5-8, 시편 19:7-11 참조.

2. 하나님의 말씀을 맡은 것에는 어떤 책임이 따릅니까? 이사야 43:10-13, 아모스 3:2, 누가복음 12:47-48, 요한복음 14:21, 로마서 2:12-13 참조.

3. 유대인들보다 하나님의 말씀을 훨씬 더 많이 맡고 있는 그리스도인들에게, 그리고 당신 개인에게, 이것이 주는 의미는 무엇입니까?

하나님의 미쁘심(3:3). 하나님께서는 자기 백성인 이스라엘의 하나님이 되시어, 그들과 함께 거하며 그들을 보호하시고, 그들을 통하여 세상의 구주를 보내겠다고 약속하셨습니다. 하나님께서는 또한 그들이 불순종하면 벌하겠다고 약속하셨습니다. 순종을 배우도록 하기 위함입니다. 이 약속들은 계속 유효하였습니다. 비

❏ 묵상과 토의
불신자들과 비교하여 그리스도인들의 나음과 유익은 무엇입니까?

❏ 선택 적용
우리는 하나님의 말씀을 알고 있기에 각자가 맡은 책임을 더 잘 이룰 수 있습니다. 당신이 현재 맡고 있는 책임들을 생각해 보면서, 어떻게 하면 더 잘할 수 있는지 기도하고 계획을 세워 보십시오.

❏ 묵상과 토의
하나님께서는 이스라엘 민족을 통해 세상을 구원하고, 이스라엘 민족을 보호하며, 이스라엘 민족을 연단시키겠다고 약속하셨습니다. 하나님께서는 이 약속들에 대한 신실하심을 어떻게 보여 주셨습니까?

록 많은 유대인들이 하나님을 거슬러 반역하고, 하나님의 의의 길을 버렸을지라도, 하나님께서는 자기의 언약을 지키셨습니다. 걸려 넘어진 것은 바로 인간입니다. 하나님의 미쁘심[신실하심]과 유대인의 불신이라는 주제에 대해서는 9:1-11:32에서 더 자세히 다룹니다.

주께서…의롭다 함을 얻으시고(3:4). 인간의 불성실['믿지 아니함,' '불의,' '거짓말']에 대한 하나님의 판단[심판]은 하나님의 의로운 성품과, 언약적 약속들에 대한 하나님의 미쁘심[신실하심]을 입증합니다.

그러나 …하면(3:5). 로마서 3:4은 두 번째 반론으로 이끕니다. 유대인이든 이방인이든 제기할 수 있는 반론입니다. "인간의 '믿지 아니함,' '거짓말,' '불의'가 하나님의 '미쁘심,' '의(義),' '참되심'을 드러나게 한다면, 인간의 죄는 하나님을 영화롭게 하는 것이다. 그러므로 하나님께서 진노를 내리시는 것(1:18, 2:8)은 부당하며(3:5), 죄인들은 벌을 받아서는 안 된다(3:7)." 이것이 그들의 반론입니다. 바울은 이런 말도 안 되는 주장을 반박하려고조차 하지 않습니다. 하나님께서는 이 땅과 인간의 창조주이시며, 우리의 양심을 지으신 분이시며, 옳고 그름을 규정하시는 분이십니다. 하나님께서 판단[심판]할 권리를 가지고 계시지 않는다면, 아무도 그럴 권리가 없고, 도덕은 무의미해집니다(3:6).

악을 행하자(3:8). 어떤 이들은 바울의 '은혜로 말미암는 칭의' 의 교리 즉 은혜로 의롭다 하심을 얻는다는 교리가 사람들을 죄로 이끌 것이라고 주장했습니다. 죄가 더한 곳에 은혜가 더욱 넘친다면, 사람들이 하나님의 은혜를 더 많이 받으려고 죄를 더 많이 짓게 될 것 아니냐는 것입니다. 바울은 이러한 잘못된 생각을 로마서 6장에서 철저히 반박합니다. 여기에서는 다만 그런 주장을 터무니없는 것으로 배격하는 것으로 그칩니다.

❑ 묵상과 토의

1. '하나님은 세상을 심판할 권리가 없다. 하나님은 불공평하시다. 우리에게 하신 약속들을 어기셨다….' 당신은 이런 생각을 한 적이 있습니까? 혹 당신이 알고 있는 사람 중에 이런 생각을 하는 이가 있습니까? 3:1-8은 이러한 생각에 대해 어떤 대답을 하고 있습니까?

2. 1:18-2:29은 하나님의 판단(심판)이 의로운 이유를 말해 줍니다. 어떤 이유들이 있습니까?

❑ 선택 적용

죄를 심판하심에 있어서 하나님은 미쁘시고 의로우십니다(3:3-7). 이 사실을 묵상하여 보십시오. 만일 하나님의 공평하심과 사랑에 대해 의심하는 마음이 있다면, 의심을 떨쳐 버리고 온전히 믿을 수 있게 해달라고 기도하십시오.

결론: "다 죄 아래 있다"(3:9-20)

4. 유대인은 이방인보다 적어도 한 가지 나은 점이 있습니다. 하나님의 말씀을 맡았다는 사실입니다(3:1). 그러나 결국 유대인과 이방인이 본질상 똑같습니다. 그 이유가 무엇입니까? 3:9

율법(3:19). 여기서 율법이란 구약성경 전체를 말합니다. 3:10-18에서는 모세 오경이 아니라 시편, 이사야의 말씀들이 인용되고 있습니다.

로마서에서는 "법"이라는 말이 여러 가지 의미로 사용되고 있습니다. 따라서 문맥에 따라서 그 의미를 파악해야 합니다. 예를 들어, 3:27의 "믿음의 법"에서 "법"이란 말은 "원리"라는 의미를 가지고 있습니다.

5. 3:19-20에 의하면, 율법의 목적은 무엇입니까?

❑ 선택 적용

3:9-18을 묵상하면서 읽으십시오. 여기에 언급된 죄 중에 범한 것이 있으면 깨닫게 해주시도록 기도하십시오. 하나님께서 깨닫게 해주시는 것이 있으면 자백하십시오. 그리고 거기서 돌이키게 해달라고 기도하십시오.

❑ 선택 적용

시간을 내어 십계명(출애굽기 20:1-17)을 주의 깊게 읽으면서, 당신에게 죄가 있으면 깨닫게 해주시도록 기도하십시오(로마서 3:20). 그런 다음, 그 죄를 자백하고, 하나님의 자비를 구하십시오. 또한 그 죄를 버릴 수 있도록 하나님의 은혜를 간구하십시오.

❑ 묵상과 토의

3:9-18에는 "다"라는 말과 "하나도 없다"라는 말이 반복해서 사용되고 있습니다. 어떤 사실을 강조하기 위한 것입니까?

❑ 추가 연구

1:1-3:20의 개요를 아직 작성하지 않았다면, 이 교재의 끝에 있는 빈칸에 1:1-3:20의 개요를 작성해 보십시오.

도움말 문단을 나누어 생각함

성경의 어떤 책을 공부할 때 그 책의 흐름을 파악하는 것은 아주 중요합니다. 가장 쉬운 방법을 하나 든다면, 그 책을 여러 개의 문단으로 나눈 후 각 문단의 요지가 무엇인지를 파악하는 것입니다. 그러면 그 책 전체 또는 특정 부분의 요지를 쉽게 알 수 있습니다. 예를 들어, 1:18-3:20 부분의 개요를 작성하려고 하는데 쉽지 않다면, 1:18-3:20을 여러 개의 문단으로 나눈 후, 각 문단에서 말하고 있는 바가 무엇인지 생각해 보기 바랍니다. (성경에 따라 문단 구분이 되어 있는 것도 있고, 아무 구분이 없는 것도 있습니다. 기존의 문단 구분을 그대로 따르든, 이를 참고로 하여 다시 나누든, 완전히 새로 나누든, 자유롭게 하십시오.)

6. 1:18-3:20의 개요를 간단히 작성해 보십시오. 먼저 1:18-3:20 전체의 제목을 붙여 보십시오. 그 다음 각 문단별로 제목을 붙이십시오. 1과에서 5과까지 각 과의 제목이 참고가 될 것입니다. 그리고 각 문단을 스스로 요약해 보는 것도 제목을 붙이는 데 도움이 됩니다.

1:18-3:20

1:18-32

2:1-16

2:17-29

3:1-8

3:9-20

그리스도로 말미암아 의롭다 하심을 얻음 (3:21–26)

로마서 1:18-3:20을 읽고 나면 누구나 근심하지 않을 수 없습니다. 율법 준수를 통해 하나님 앞에서 의롭다 하심을 얻을 사람은 아무도 없기 때문입니다(3:20). 사람들을 보십시오. 하나님의 명령을 지키지 않고 있습니다. 모든 사람이 죄를 범하였습니다(3:23). 그러므로 하나님의 진노가 나타납니다. 바울은 이처럼 독자들이 "죄를 깨닫게"(3:20) 해놓고 나서, 앞서 1:17에서 말했던 '좋은 소식' 즉 '복음에 나타난 하나님의 의'로 돌아갑니다. 3:21에서 바울은 이렇게 말합니다. "이제는 율법 외에 하나님의 한 의가 나타났습니다!" 이 의는 "예수 그리스도를 믿음으로 말미암아 모든 믿는 자에게 미치는 하나님의 의"(3:22)입니다. 이 의는 '율법에서 난 것이 아니요 믿음으로 하나님께로서 난 의'입니다(빌립보서 3:9 참조).

3:21-31을 읽으면서, 이해되지 않는 말이나 내용이 있으면 여백에 적으십시오. 본 교재에 그에 대한 설명이 없으면 국어사전이나 성경사전을 찾아보십시오.

❑ 묵상과 토의

앞서 이야기했듯이 3:21-31을 작은 문단으로 나누어 생각해 보면, 3:21-31의 흐름을 파악하는 데 도움이 됩니다. 3:21-26의 요지는 무엇입니까? 3:27-31은? 이제, 3:21-31 전체의 요지는 무엇입니까?

율법과 선지자들(3:21). 구약성경 전체. 창세기 15:6, 시편 32:1-2, 하박국 2:4은 모두 이 사실을 증거합니다.

의롭다 하심을 얻은 자 되었느니라(3:24). 의롭다는 인정을 받게 되었다, 무죄라는 선언이 내려졌다는 의미입니다. 범죄한 사람의 죄에 대한 대가가 완전히 지불되었다는 판결을 받은 것입니다. 따라서 이제 그는 하나님 앞에서 기록이 깨끗합니다.

구속(救贖)(3:24). 속전(贖錢)을 지불함으로써 풀려나게 함. 예를 들어, 노예를 그 주인에게서 삼으로써 자유롭게 해주는 것입니다. 또는 어떤 죄수의 벌금을 대신 지불하고 그를 감옥에서 풀려나게 하는 것입니다.

화목 제물(3:25). 죄란 하나님의 뜻을 거슬러 반역하는 것으로, 그 삯은 사망입니다(로마서 6:23). 그러나 하나님께서는 죄인들이 죽는 것을 원치 않으십니다. 구약성경의 제사 제도는 죄를 미워하시는 하나님의 공의와, 죄인을 벌하지 않으시려는 하나님의 자비를 모두 보여 주기 위해 계획된 것입니다. 하나님께서는 사람들이 그들을 대신하여 동물을 희생 제물로 바치는 것을 허락하셨습니다. 죄를 범한 사람 자신이 죽어야 하는데 동물이 대신 죽는 것입니다. 이 희생 제물은 죄를 덮어 가리고, 인간의 죄를 짊어지며, 하나님의 공의를 만족시켰습니다. 레위기 16:11,15-16,20-22 참조.

구약의 희생 제물이 그 자체로는 죄의 대가로서 충분한 것이 아니었습니다. 그것은 장차 그리스도께서 하실 일의 그림자요 예표(豫表)였습니다. 하나님께서는 이스라엘 백성에게 죄를 깨끗케 하기 위하여 희생 제사를 드리도록 명하셨는데, 제사 의식 자체가 무슨 신비한 능력이 있는 것은 아니었습니다. 중요한 것은 제사를 드리는 사람의 믿음이었습니다. 희생 제사를 드리라는 하나님의 말씀을 믿고 제사를 드린다는 것은 곧 하나님의 '의(義)의 길'—의에 이르는 하나님의 방법—을 믿는다는 믿음의 표시였습니다. 이 길은 그리스도 안에서 온전히 계시됩니다. 따라서 구약의 제사법은 율법의 행위 외에 믿음으로 말미암는, 하나님의 '의의 길'을 증거하고 있습니다(3:21). 그러나 이제 희생 제사 제도는 끝났습니다. 오랫동안 희생 제사가 예표하던 '그 일'이 일어났기 때문입니다.

그의 피(3:25). 희생 동물이 흘리는 피는 한 사람의 죄를 위하여 한 생명이 바쳐졌음을 나타냈습니다. 이처럼, 그리스도의 피는 그리

❑ 묵상과 토의

1. 하나님의 '의의 길'은, 전적으로 유죄 선고를 받아 마땅한 사람들을 의롭다고 선언하는 것입니다. 3:24-25에는 이 사실이 어떻게 강조되어 있습니까?

2. 믿는 자를 의롭다 하시는 것은 어떻게 해서 전적으로 공의로운 행동입니까?

❑ 묵상과 토의

예수님께서는 우리 대신 죽으셨습니다. 예수님의 죽으심은 하나님의 공의와 자비를 동시에 보여 줍니다. 왜 그렇습니까?

❑ 선택 적용

누군가에게 하나님의 '의의 길'을 말해 주십시오.

스도께서 우리 죄를 위하여 내어 주신 생명과, 우리 대신 받아들이신 죽음을 나타냅니다.

칭의(稱義)는 법정에서 온 개념이며, 구속(救贖)은 노예 시장에서 온 것이고, 속죄(贖罪)는 성전에서 온 것입니다.

7. 우리가 예수님을 믿으면 의롭다 하심을 얻습니다. 이를 위해 예수님께서는 어떤 일을 하셨습니까(3:24-25)? (예수님의 죽으심이 어떻게 우리를 "구속(救贖)"하며, 예수님께서 어떻게 우리 죄를 위한 "화목 제물"이 되시는지를 묵상해 보십시오.)

8. 왜 "하나님의 은혜로 값없이"(3:24)라는 말이 중요합니까?

오직 믿음으로(3:27-31)

9. 하나님의 '의의 길'은 어느 누구도 자기 자신에 대해 자랑할 수 없게 합니다. 그 이유가 무엇입니까? 3:27-28

❏ **선택 적용**

흔히들 잘못을 했을 때보다는 착한 일을 하고 있을 때, 자신이 더 사랑스러워 보이고 하나님과 더 가깝게 느낍니다. 당신도 그렇습니까? 만일 그렇다면, 당신이 한 일보다 예수님께서 하신 일을 더욱 힘써 믿고 의지하게 도와주시도록 기도하십시오.

❏ **선택 적용**

하나님의 공의와 자비를 묵상하십시오. 만일 마음속에, 하나님은 요구를 많이 하고, 불공평하고, 벌하기를 좋아하시는 분이라는 생각이 있다거나, 또는 죄에 대해 관대하신 분이라는 생각이 있다면, 그러한 생각을 자백하고, 당신의 태도를 바꿔 주시도록 기도하십시오. (요나서를 읽어 보면 이 면에서 도움이 됩니다.)

❏ **선택 적용**

그리스도께서 하신 일이 당신 개인에게 어떤 의미가 있습니까? 그 이유는 무엇입니까?

10. 그리스도를 믿음으로 말미암는 의가 어떻게 율법을 굳게 세웁니까? 3:31 (3:9-20,23,25 참조.)

당신의 응답

11. 3:1-31은 당신의 삶에 어떤 의미를 지니고 있습니까? 가능한 한 많이 적으십시오. (난외에 있는 질문들을 참고하십시오.)

12. 문제 3과 11에 대한 당신의 대답을 살펴보십시오. 이 중에서 이번 주에 당신이 힘써 적용하고 싶은 것을 한 가지 택한다면 무엇입니까?

13. 이것을 실천하기 위하여 어떻게 하겠습니까? 구체적인 실천 계획을 적고 이를 위해 기도하십시오.

❑ **묵상과 토의**
3:29-30을 보면, 하나님의 의의 길은 유대인과 이방인을 둘 다 하나님 앞에서 같은 수준에 놓는다는 것을 알 수 있습니다. 왜 그렇습니까?

❑ **선택 적용**
당신은 불신자들이나 혹은 당신만 못한 그리스도인들에 대하여 우월감을 느낀 적이 있습니까? 3:27-30 말씀에 비춰 볼 때, 당신은 어떤 태도를 가져야 합니까? 이 구절의 진리를 당신 마음속에 깊이 새겨 주시도록 기도하십시오.

❑ **추가 연구**
로마서 3:31의 참조 구절로 시편 40:8, 예레미야 31:33-34, 히브리서 9:14을 찾아 상고하여 보십시오.

❑ **묵상과 토의**
1:18-3:20은 하나님의 성품에 대하여 무엇을 보여 줍니까? 3:21-31은 하나님과 그리스도에 대하여 무엇을 보여 줍니까?

도움말 적 용

적용 계획을 세우고 실천하다 보면, 적용이 자신의 힘으로 자신을 더 낫게 만들려는 '인간적 노력'으로 변질되어 있는 것을 발견할 때가 있습니다. 자기 나름대로 열심히 노력했는데도 그리스도를 닮아 가는 데 별로 진전이 없는 것을 보게 됩니다. 그럴 때 흔히들 실패한 자신을 바라보며 자책하곤 합니다. 이럴 경우, 실패한 자신을 생각하기보다 그리스도를 생각하는 시간을 더 많이 가지십시오. 누구나 적용 내용을 잘 실천하여 이를 통해 영적으로 발전하고 성장하기를 원할 텐데, 한번 스스로 질문을 던져 보십시오. "이 과정에서 나는 하나님을 의지하고 있는가, 자신을 의지하고 있는가?"

14. 1:16-17을 다시 읽으십시오. 1:18-3:31의 메시지를 요약하여 보십시오.

15. 3:1-31에서 질문이 있으면 적으십시오.

❑ **추가 연구**

3:1-31의 개요를 당신의 로마서 개요에 첨가하십시오.

소그룹 모임을 위한 지침

이 과는 길기 때문에, 두 주에 걸쳐서 할 수도 있고, 문제 중 일부만 토의할 수도 있습니다. 핵심 주제는, 하나님께서 그리스도를 통하여 우리를 위해 해주신 일입니다. 모든 멤버들이 속죄, 칭의 등의 교리를 잘 이해할 수 있도록 해주십시오. 그러나 이해한 것으로 만족해서는 안 됩니다. 이 진리들이 그들의 행동과 태도에 영향을 미쳐야 합니다. 이를 위해 구체적으로 어떻게 해야 할지 이 문제를 가지고 각 사람이 진지하게 씨름을 하도록 이끄십시오.

도입. 여기서 던질 수 있는 질문을 두 가지 들면 다음과 같습니다.

1. "여러분이 그리스도를 따르기 시작한 후, 자신의 죄를 깨닫는 면에서 어떤 차이가 있습니까? 자신의 죄를 더 자주 깨닫습니까? 아니면 줄어들었습니까? 아니면 별 차이가 없습니까? 그 이유가 무엇이라고 생각합니까?"

2. "여러분은 하나님께서 죄를 범하는 사람들을 벌하기를 좋아하신다고 느낍니까? 그렇다고 느낀다면, 그 이유는 무엇입니까? 그렇지 않다고 느낀다면, 그 이유는 무엇입니까?" 여기서 '느낀다'는 말은 의도적으로 쓴 것입니다. 많은 사람들이 하나님에 대하여 머리로는 같은 사실을 믿고 있으나, 하나님에 대한 느낌 또는 감정은 제각기 다르며, 그리고 그들의 삶을 지배하는 것은 객관적인 사실[진리]이 아니라 그 주관적인 느낌[감정]인 경우가 많습니다. 대부분의 경우 그러한 느낌과 감정은 어린 시절의 성장 환경의 영향을 받아 형성되었을 것입니다. 하나님에 대한 각자의 느낌과 감정을 솔직하게 드러내 놓고 살펴보십시오. 그렇게 하면 3:1-31에 나타나 있는 하나님의 성품에 대한 진리를 마음속에 깊이 새기는 데 도움이 됩니다.

소리 내어 읽기.

요약.

문제.

평가. 이제 공부를 시작한 지 몇 주가 지났으므로 지금쯤 여러분의 성경공부 모임을 한번 평가해 보는 것이 좋습니다. 목적은 앞으로 성경공부 모임을 더 개선하고 발전시키려는 것입니다. 다음에 두 가지 평가 방법을 제시합니다. 당신이 좋은 대로 둘 중 하나를 택하도록 하십시오.

1. 이 공부를 시작할 때 정한 목표를 돌아보십시오. 그것을 이루기 위해 최선을 다하고 있습니까? 예를 들면, 그룹 멤버들은 하나님을, 그리고 서로를 더 잘 알아 가고 있습니까? 이 공부는 멤버들로 하여금 더욱더 그리스도의 수준으로 성장하도록 격려하고 있습니까? 또는 성경을 더 잘 알고 실천하도록 격려하고 있습니까? 만일 그렇지 않다면, 무엇이 결여되어 있습니까? 어떻게 하면 이를 개선할 수 있겠습니까?

2. 그룹 멤버들에게 다음 세 가지 간단한 질문을 해보십시오. 이 모임에 대하여 여러분이 가장 좋아하는 것은 무엇입니까? 가장 마음에 안 드는 것은 무엇입니까? 여러분의 필요를 더 잘 채우기 위하여 어떤 변화가 있었으면 좋겠습니까?

마침. 하나님의 공의와 하나님의 자비를 인하여 하나님을 찬양하십시오. 죄를 심판하시는 데 있어서 하나님은 공의로우십니다. 그리고 하나님은 자비하셔서 죄인들을 의롭다 하기 위한 길을 제공하여 주셨습니다. 하나님께서는 우리를 위하여 예수님을 화목 제물로 세우셨습니다. 이를 인하여 하나님을 찬양하십시오. 죄에 대한 하나님의 거룩한 미움과 죄인들에 대한 하나님의 거룩한 사랑을 인하여 하나님을 찬양하십시오.

법정(法廷)

복음에 대한 바울의 설명을 이해하기 위해서는, 법적 배경을 알아 두어야 할 필요가 있습니다. 구약성경은 하나님을, 이스라엘이라는 민족을 신민(臣民)[봉신(封臣)]으로 받아들이는 군주로 그리고 있습니다. 주군(主君)과 봉신 간의 주종(主從) 계약은 "언약(言約)"이라 불립니다. 이 언약은 법적 구속력을 갖게 되어, 봉신은 주군에게 복종해야 하며, 그렇지 않으면 징벌을 받게 됩니다. 봉신(개인이든 민족 전체든)이 그 언약을 성실하게 지킴으로써 주군과 좋은 관계에 있다면, 그는 "의롭습니다." 그러나 그가 언약을 어긴다면, 주군인 군주는 그를 법정으로 소환하여, 반역 행위에 대하여 그를 심문하고, 그에게 벌을 선고하게 됩니다(신명기 7:6-11, 29:9-15). 이 모든 것은 고대 세계의 법적 체계와 일치합니다.

하지만 동시에, 주 여호와 하나님께서는 자신이 이스라엘뿐 아니라 온 세계의 왕이시며 심판자이심을 분명히 하십니다(창세기 18:25, 아모스 1:3-2:16). 이사야는 주 여호와께서 이방 민족들을 심문하기 위해 자기 보좌 앞으로 소환하며, 이스라엘을 자기의 증인으로 부르시는 장면들을 기록합니다(이사야 41:1,21-24,28-29, 43:8-13). 그 재판에서 이스라엘과 열방은 둘 다 불의하다는 유죄 판결을 받습니다. 주 여호와 하나님을 거슬러 배반하고 언약을 깨뜨렸기 때문입니다. 그러나 주 여호와께서는 반역자들을 용서하시고 회복시킴으로써 자기의 의(義)를 나타내시겠다고 약속하십니다.

하나님의 율법은 반역자들에게 죽음을 요구하는데, 주 여호와께서 어떻게 자기의 율법을 깨뜨리지 않으면서 반역자들을 용서하실 수가 있습니까? 이사야 52:13-53:12은 속죄 제사법에서 그 해결책을 발견합니다. 주 여호와께서 한 "종"을 일으키실 터인데, 그 종은 그 백성을 위한 "속건 제물"(레위기 5:17-19, 6:6-7, 이사야 53:10)로서 대신 죽으실 것입니다. 그 대속의 죽음이, 언약을 깨뜨린 자는 죽어야 한다는 율법을 만족시킬 것입니다. "종" 자신은 아무 죄가 없습니다(이사야 53:9). 율법은 어떤 제사든 흠 없는 제물을 요구하기 때문입니다(레위기 1:3-4, 말라기 1:8).

6 과

로마서 4:1-25

아브라함의 의(義)

❑ **묵상과 토의**

당신은 믿음을, 하나님의 은총을 얻어 내는 공로적 '행위'로 생각한 적이 있습니까? 이것이 왜 잘못된 것입니까?

❑ **묵상과 토의**

1. 경건치 아니한 자가 어떻게 하나님 앞에서 의롭다 하심을 얻게 됩니까? 4:5
2. 이것은 우리의 삶에 어떤 의미를 지니고 있습니까?

아무도 자신이 하나님의 은혜를 입은 것에 대해 자랑할 수 없는 것은, 유대인이든 이방인이든 모두 하나님의 율법에 대한 순종이 아니라 예수님의 죽으심에 대한 믿음으로 말미암아 의롭다 하심을 얻기 때문입니다(3:27). 이것은 유대인들이 이해하기가 어려운 개념이었습니다. 이스라엘 민족의 조상인 아브라함은 어떻습니까? 아브라함은 유대인들이 역사상 최고의 순종을 보여 준 사람으로 여기는 인물입니다. 물론 아브라함에게는 하나님의 인정을 자랑할 만한 이유가 충분히 있었습니다! 그럼에도 불구하고 아브라함은 의롭다 하심을 얻은 것에 대해 하나님 앞에서 자랑할 것이 없었습니다(4:2). 하물며 다른 유대인들이야 말할 것도 없을 것입니다. 그래서 바울은 로마서 4장에서 아브라함의 의에 대해 언급합니다.

로마서 4:1-25을 읽으면서 전체적인 메시지를 파악해 보십시오. 행위에 관계없이 전적으로 은혜로 의롭다 하심을 얻는 것이 무슨 의미인지 보여 달라고 하나님께 기도하십시오.

행위냐 믿음이냐(4:1–8)

아브라함이 하나님을 믿으매(4:3). 86쪽의 "아브라함의 믿음"에 대한 설명 참조.

…로 여기다(4:3,4,5,6,9,10,11,22,23,24), **인정하다**(4:8). 본래 상업 용어에서 유래한 것으로, "아무의 장부에 기입하다, 계산하다"라는 뜻입니다.

하나님 앞에서는 없느니라(4:2). "하지만 하나님께서는 이런 식으로 그를 보지 아니하시느니라"[1]라고 해석할 수도 있습니다. 즉, 만일 아브라함이 행위로써 의롭다 하심을 얻었다면 자랑할 수도 있겠지만, 하나님의 눈으로 보면 아브라함은 행위로써 의롭다 하심을 얻은 것이 아니기에 자랑할 것이 없다는 것입니다.

---

1. 왜 아브라함의 믿음은 의(義)를 삯으로 받는 "일[행위]"이 아니었습니까? (참조: 로마서 4:4-5에 의하면, 아브라함은 하나님에 대하여 어떤 사실을 믿었습니까?)

2. 시편 32:1-2에서, 다윗은 일한 것이 없이 하나님께 의로 여기심을 받는 사람의 행복에 대해 말합니다. 하나님께서 그에게 해주시는 것은 무엇입니까? 4:6-8

❑ 묵상과 토의

경건치 아니한 자를 의롭다 하시는 하나님을 믿는 것은 하나님의 용납을 얻으려고 애쓰는 것보다 하나님을 더 영화롭게 합니다. 왜 그렇습니까?

❑ 묵상과 토의

1. 우리를 의롭다 하시는 하나님을 믿는 것은 우리로 하여금 고의적인 죄 가운데 계속 머물게 합니까? 그렇다면(또는, 그렇지 않다면) 그 이유는 무엇입니까? (로마서 6장은 이 문제를 자세히 다루고 있습니다.)

2. 당신은 어떤 죄를 짓고 나서는 하나님께서 당신을 용서하실 것이라고 생각하면서 스스로 변명한 적이 있습니까? 만일 그렇다면, 또 다시 이런 생각을 하는 것을 어떻게 하면 피할 수 있겠습니까?

❑ **선택 적용**

하나님의 성품(4:5)과 당신의 신분(4:7-8)을 묵상하십시오. 자신의 삶을 한번 살펴보면서 질문을 던져 보십시오. 나는 아직도, 마치 나의 수고를 통해 하나님의 사랑을 획득해야 하는 것처럼 행동하고 있지는 않은가? 만일 그렇게 행동하고 있다면, 어떤 식으로 그렇게 하는가? 하나님의 관대하신 용서에 대하여 감사하십시오.

❑ **추가 연구**

1. 야고보서 2:14-26(특히 2:24)은 어떻게 로마서 4:1-8을 보충합니까?
2. 또 다른 예로, 에베소서 2:8-9과 에베소서 2:10을, 창세기 15:6과 창세기 22장을 비교하며 상고하여 보십시오.

할례냐 무할례냐(4:9-12)

할례시가 아니라 무할례시니라(4:10). 하나님께서 아브라함을 의롭다 하신 것은(창세기 15:6) 아브라함이 할례를 받기 약 14년 전이었습니다(창세기 17:23-24).

3. 할례에 대한 유대인의 신앙을 기억하십시오(58쪽). 아브라함이 할례를 받기 전에 하나님께서 아브라함을 의롭다고 하신 것은 왜 중요합니까? 4:9-11

4. 할례는 아브라함이 믿음으로 얻은 의(義)의 "표(標)"요 "인(印)침"이었습니다(4:11). 그리스도인의 '믿음으로 말미암는 의'의 표와 인침은 무엇입니까? (요한복음 13:35, 사도행전 2:41, 8:12, 10:47, 에베소서 1:13-14, 4:30, 베드로전서 3:21 참조.)

5. 아브라함은 육신으로는 모든 유대인의 조상입니다(4:1). 그는 누구의 영적 조상입니까?

4:11

4:12

율법이냐 믿음이냐(4:13-16)

율법으로 말미암은(4:13). 장차 하나님의 율법에 온전히 순종함을 기초로 한.

율법에 속한(4:14). 기업(基業)에 대한 권리 주장의 근거를 율법에 대한 온전한 순종에 두는.

6. 1) 4:13에서, 무엇을 근거로 하여 아브라함은 "세상의 후사가 되리라고 하신 언약"을 받았습니까? 아브라함과 그의 후손이 이행해야 할 요구 사항이 있다면 무엇입니까?

2) 이 사실을 이번 주에 당신 삶에 어떻게 적용하겠습니까?

7. 율법에 완벽하게 순종하는 삶을 사는 사람들만이 하나님의 약속을 유업으로 받을 수 있다면, 믿음은 헛것이 되고 약속은 폐하여지고 맙니다(4:14-15). 그 이유가 무엇입니까?

'보는 것'이냐 믿음이냐(4:17-25)

죽은 자를 살리시며(4:17). 아브라함은 하나님께서는 사라의 죽은 태에서 아이를 낳게 하실 수 있다고 믿었습니다(4:19). 그리고 자신이 하나님께 순종하여 아들 이삭을 제물로 드리면, 하나님께서

❑ **추가 연구**
율법은 어떻게 진노를 이루게 합니까? 4:15 (7:7-11 참조.)

❑ **묵상과 토의**
아무리 죄인이라도 하나님을 믿기만 하면 하나님의 약속을 유업으로 받을 수 있다는 사실이 과연 공평한 것입니까? 왜 그렇습니까(그렇지 않습니까)?

❑ **묵상과 토의**
믿음으로 의롭게 되는 것과 은혜로 의롭게 되는 것은 어떤 연관이 있습니까? 3:24-25, 4:16

❑ 묵상과 토의

아브라함은 하나님의 약속을 의심하려는 유혹을 어떻게 이길 수 있었습니까(4:20)? 이것은 우리에게 어떤 교훈을 줍니까?

❑ 선택 적용

당신은 현재의 환경에서 어떻게 "하나님께 영광"을 돌릴 수 있겠습니까? 4:20

❑ 선택 적용

로마서 4:17은 우리로 하여금 하나님을 믿고 의뢰하도록 동기를 부여합니다. 하나님께서는 능히 우리의 삶 속에서 일을 행하시고 성취하실 수 있는 분이십니다. 당신은 하나님께서 당신 삶 속에서 무슨 일을 행하실 것이라 믿고 있습니까? 당신의 소원을 하나님께 말씀드리십시오.

이삭을 죽은 자 가운데서 살리셔서 이삭을 통해 일어날 후손에 대한 약속(17,18절, 창세기 22장 참조)을 이루실 것을 믿었습니다(창세기 22장).

없는 것을 있는 것같이 부르시는(4:17). 아브라함은, 하나님께서는 무(無)에서 세상을 창조하신 분이시기에, 아무것도 없는 것같이 보이는 데서도 능히 한 아들과 많은 민족을 창조하실 수 있다고 믿었습니다.

---

8. 아브라함의 입장에서 보면, 아들을 주시겠다는 하나님의 약속은 실현 불가능한 것으로 믿을 만한 이유가 충분히 있었습니다. 그것이 무엇입니까? 4:19

9. 그러나 아브라함은 하나님에 대하여 두 가지 사실을 믿었고, 그 두 가지가 하나님께서는 친히 하신 약속을 능히 지키실 수 있다는 확신을 주었습니다(4:17).

   1) 하나님께서는 어떻게 죽은 자를 살리십니까(4:17)? (로마서 4:24-25, 8:13, 누가복음 9:23-24, 고린도전서 15:20-22, 고린도후서 4:11-12,16-18, 에베소서 2:4-5 참조.)

   2) 하나님께서는 어떻게 "없는 것을 있는 것같이" 부르십니까(4:17)? (로마서 8:18-25, 고린도전서 1:18-31, 고린도후서 5:1,6-10, 히브리서 10:35-11:2, 요한일서 3:2-3 참조.)

우리 범죄함을 위하여 내어 줌이 되고 또한 우리를 의롭다 하심을 위하여 살아나셨느니라(4:25). 여기서 "…을 위하여"라는 말은 "때문에"라는 뜻입니다. 예수님께서는 우리의 죄를 속(贖)하기 위하여 죽음에 내어 줌이 되셨고, 우리의 칭의("의롭다 하심")를 보장하고 우리로 그 칭의를 믿도록 하기 위하여 살아나셨습니다. 물론, 그리스도의 죽음이 칭의와 무관하다거나, 그의 부활이 속죄와 무관하다는 의미가 아닙니다.[2]

당신의 응답

10. 4:1-25에서 아브라함의 예는 '은혜를 인하여 믿음으로 말미암아 얻는 의(義)'를 이해하는 데 어떤 도움을 주었습니까? 이 장에서 말하는 바를 요약하십시오.

11. 4:1-25에서 배우고 깨달은 내용 중에서 당신에게 가장 중요한 것은 무엇입니까?

12. 이번 주에 그것을 당신의 삶에 어떻게 적용하겠습니까? 이를 위한 구체적인 실천 계획을 세워 보십시오.

13. 4:1-25에서 질문이 있으면 적으십시오.

❑ **선택 적용**
4:25을 묵상하면서 그 구절이 당신에게 주는 의미를 생각해 보십시오. 하나님께서 예수님을 내어 주시고 살리신 것에 대하여 감사드리십시오.

❑ **추가 연구**
4장의 개요를 당신의 개요에 첨가하십시오.

소그룹 모임을 위한 지침

한 주간의 삶 나누기. 지난 몇 차례 모임을 통해, 각자의 삶에서 더욱 성장하기를 원하는 영역들을 구체적으로 생각해 보고 그 영역들을 집중적으로 계발하기를 원하여, 그래서 각자 나름대로 여러 가지 시도들을 해왔습니다. 서로를 위해 기도하기도 하고, 매주 배운 말씀을 한 주 동안 생각하며 순종할 기회를 찾기도 하고, 잘못하였을 때는 주님께 자백하고 용서를 구하기도 하고… 등등. 모임을 시작할 때, 각자 자신의 삶에 대해 간략하게 나누는 시간을 가지십시오. 이를테면, 자신의 적용 내용을 얼마나 실천했는지, 그리고 그 결과 무슨 일이 일어났는지…등등.

예를 들면, 어떤 사람은 기도 시간을 확보하기 위해 애썼을 수도 있고, 어떤 사람은 종일토록 로마서 말씀을 기억하고 묵상하는 일에 힘썼을 수도 있으며, 또 어떤 사람은 자신이 진실로 얼마나 자기의(自己義)가 강한지를 처음으로 깨달았을 수도 있습니다. 이렇게 나누는 시간을 통해 그룹은 여러 가지 효과를 거둘 수 있습니다. 서로를 위하여 기도하는 법을 한 단계 발전시킬 수도 있고, 기도 시간을 어떻게 계획하는지 서로 아이디어를 나눌 수도 있고, 종일토록 하나님의 말씀을 기억하고 묵상하는 면에서 발전할 수도 있고… 등등.

시작. 이런 질문을 던져 보십시오. "여러분은 이번 주에 하나님의 약속에 대한 믿음으로 어떤 일을 행한 적이 있습니까? 언제입니까?" 설령 대부분의 멤버들이 대답할 말을 금방 생각하지 못할지라도, 이 질문은 4:1-25이 그들에게 어떻게 적용되는지를 생각하도록 자극할 것입니다.

문제. 이 과의 각 단락의 주제를 활용하여 토의 질문을 만들어 보십시오. 질문은 그룹이 바울의 생각의 흐름을 따라가도록 돕는 것이어야 합니다. 예를 들면 다음과 같습니다.

4:1-8에서, 아브라함이 행위가 아니라 믿음으로 의롭다 하심을 얻었다는 것을 어떻게 압니까?

아브라함이 할례를 받기 전에 의롭다 하심을 얻었다는 사실은 왜 중요합니까? 4:9-12

왜 율법보다 믿음이 하나님의 약속을 위한 더 나은 기초입니까? 4:13-16

아브라함은 어떻게 '보는 것'이 아니라 '믿음'으로 살았습니까? 4:17-25

각 단계마다, 여러분이 어떻게 아브라함의 본을 따를 수 있는가를 토의하십시오. 특히 17-25절은 믿음으로 행하도록 도전하는 말씀입니다. 그룹 멤버들이 아브라함의 본을 어떻게 적용하기로 계획하였는지 나누도록 격려하십시오.

다른 말로 바꿔 질문하기. 아무리 좋은 성경공부 교재라 하더라도, 이따금 질문 내용이 명확하지 않을 때가 있습니다. 또한, 그룹 멤버들은 인도자가 교재에 나오는 질문들을 그대로 던지기보다는 다른 말로 풀어서 질문을 던질 때 문제의 의미를 더 명확히 이해하고 더 흥미를 느끼곤 합니다. 따라서 질문을 다시 던질 때는, 다음 두 가지를 기억하십시오. 1) 관찰-해석-적용의 순서. 2) "하나님은 누구신가?" "나는 누구인가?" "나는 무엇을 해야 하는가?"

예를 들어, 관찰 질문인 경우에는, 다음과 같이 질문할 수 있습니다. "이 구절은 하나님에 대하여, 이를테면 그분의 성품, 행동 등에 대하여 무엇을 말하고 있습니까?" "이 구절은 우리의 옛 성품과 그리스도 안의 새 성품, 새로운 신분에 대해 무엇을 말하고 있습니까?" "이 구절은 우리가 그리스도 안에 있기 때문에 어떤 생각과 행동을 해야 한다고 말합니까?"…

해석 질문인 경우에는 다음과 같이 질문할 수 있습니다. "…라는 말은 무슨 뜻입니까?" "이 구절에서 인간의 할 일에 대하여 우리에게 말하려고 하는 바는 무엇입니까?"…

적용 질문의 경우에는 다음과 같이 물어볼 수 있습니다. "이 구절은 우리에게 어떻게 적용됩니까?" "이 구절은 우리의 삶에 어떤 의미를 지니고 있습니까?" "이 교훈을 실천하기 위하여 우리는 구체적으로 어떤 조치를 취할 수 있겠습니까?"…

마침. 아브라함의 믿음의 본에 대하여 하나님께 감사하십시오. 우리를 의롭다 하시기 위하여 오직 믿음만을 요구하시는 하나님께 감사하십시오. 믿음은 행위가 아니라 단순한 신뢰입니다. 하나님의 약속들에 대하여 감사하십시오. "죽은 자를 살리시며 없는 것을 있는 것같이 부르시는 하나님"을 찬양하십시오.

아브라함의 믿음

바울 당시의 유대인들은, 아브라함은 그의 행위, 그의 죄 없음을 인하여 의롭다 하심을 얻었다고 주장하면서, 창세기 15:6을 이 사실에 대한 최고의 증거로 인용하였습니다. 랍비 스마야(주전 50년경)에 따르면, 하나님께서는 이렇게 말씀하셨다는 것입니다. "그들의 조상 아브라함이 나를 믿은 그 믿음을 공로로 여겨 내가 그들을 위하여 홍해를 갈랐느니라. 기록된바 '아브람이 여호와를 믿으니 여호와께서 이를 의로 여기셨다' 함과 같으니라."[3] 같은 책의 뒷부분에서는 이렇게 말했습니다. "우리 조상 아브라함이 이 세상과 오는 세상의 후사가 된 것은 단지 그가 여호와를 믿는 그 믿음의 공로로 말미암은 것이다. 기록된바 '아브람이 여호와를 믿으니…' 라고 함과 같다."[4] 간단히 말하면, 유대인들은 아브라함의 믿음을 그의 많은 공로적 행위들 중에서 가장 큰 것으로 여겼습니다.

이와는 대조적으로, 바울은 1) 아브라함은 무죄한 것이 아니며, 2) 아브라함은 믿음으로 의를 획득한 것이 아니라, 하나님께서 그의 믿음을 보시고 그에게 의를 선물로 주신 것이라고 주장했습니다.

하나님께서는 아브라함에게 그의 몸에서 한 아들과 많은 자손이 나게 될 것이라고 약속하셨고(창세기 15:1-5), 아브라함은 하나님을 믿었습니다(창세기 15:6). 하나님께서 친히 하신 그 약속들을 기꺼이 지키실 것이며 또 능히 지키실 수 있다고 믿는 그 믿음을 보시고, 비록 아브라함이 죄 없음과는 거리가 멀지라도, 하나님께서는 아브라함을 충신(忠臣)으로 여기신 것입니다. 아브라함은 그의 믿음을 반영하는, 많은 순종의 행위들을 하였습니다. 예를 들면, 그는 하나님께서 멈추라고 하실 때까지 자기 아들을 제물로 드리는 일을 계속 진행하였습니다(창세기 22장). 그러나 아브라함은 또한 믿음 없는 행동도 많이 하였습니다. 하지만 하나님께서는 모두 용서하여 주셨습니다. 예를 들면, 그는 자기 아내와 연관하여 두 번이나 거짓말을 했고, 그로 인해 아내를 잃을 뻔한 위기에 처하기도 하였습니다(창세기 12:10-20, 20:1-18). 이따금 범한 그 잘못들로 인해 아브라함의 의가 상실되지는 않았습니다. 완전한 행위를 통해 그 의를 획득한 것이 아니었기 때문입니다.

1. Crandall, p. 84.
2. Murray, pp. 154-157; Bruce, *Romans*, p. 119; Cranfield, p. 97.
3. *Mekilta* on Exodus 14:15, quoated in Cranfield, pp. 84-85.
4. *Mekilta* on Exodus 14:31, quoated in Cranfield, p. 85.

7 과

로마서 5:1-21

의의 열매

이제 바울의 편지에서 "다리" 부분에 이르렀습니다. 5장은 앞뒤를 이어 줍니다. 어떤 성경학자들은 5장을 1:18-4:25과 한데 묶습니다. 5장이 칭의와 그 결과를 요약하고 있기 때문입니다. 또 어떤 이들은 5장을 6:1-8:39과 한데 묶습니다. 5장에서부터, 의롭다 하심[칭의]을 얻은 사람들이 믿음으로 말미암아 사는 삶을 말하고 있기 때문입니다. 5:1-21을 읽으면서 앞의 내용과는 어떤 관련이 있는지 생각해 보기 바랍니다. 33-34쪽의 개요를 성경핸드북이나 주석성경 등에 나와 있는 개요와 비교해 보도록 하십시오.

1. 1:18-4:25에서 바울이 말하고자 하는 바를 간략하게 요약하십시오.

하나님과의 화평[화목](5:1-11)

화평(5:1), **들어감**(5:2), **원수…화목**(5:10). 바울은 하나님을 왕으로 그리고 있습니다. 그런데 그 신하들이 반역하였습니다. 반란이 벌어지고 있는 동안에는, 그 원수 된 신하들은 그들의 주(主)에게 나아올 수 없었습니다. 그러나 주(主)이신 왕께서는 자기 아들을 보내셔서, 반역자들과의 화평[화목]을 이루셨습니다. 따라서 이제 왕과 화평[화목]케 된 신하들은 왕의 보좌가 있는 방에 들어갈 수 있게 되었습니다.

2. 어떻게 해서 당신은 전에 하나님의 원수가 되어 하나님과 싸우고 있었습니까? 10절

도움말
대구법

대구법(對句法)은 비슷한 어조(語調)나 어세(語勢)를 가진 어구(語句)를 짝지어 표현의 효과를 나타내는 수사법인데, 저자가 사용한 단어나 어구의 의미를 파악할 수 있는 단서가 됩니다. 하지만 결론을 이끌어 낼 때에는 주의해야 합니다. 대구는 의미가 똑같다는 뜻은 아닙니다. 5:9-10을 예로 들어 보겠습니다.[1]

5:9	5:10
그 피를 인하여	그 아들의 죽으심으로 말미암아
의롭다 하심을 얻었은즉	화목되었은즉
더욱	더욱
그로 말미암아	그의 살으심을 인하여
진노하심에서 구원을 얻을 것이니	구원을 얻을 것이니라

3. 로마서 5:1-11은, 우리가 '믿음으로 의롭다 하심을 얻고 하나님으로 더불어 화평[화목]'케 됨으로 누리게 된 축복과 유익을 이야기하고 있습니다. 1-11절에서 그 축복과 유익들을 찾아 적어 보십시오.

❑ **추가 연구**
국어사전과 성경사전을 이용하여, "화목(和睦)"(10-11절)의 의미를 알아 보십시오.

❑ **묵상과 토의**
"하나님으로 더불어 화평"(1절)이란 마음의 화평과는 어떻게 다릅니까?

❑ **묵상과 토의**
"우리가 믿음으로 서 있는 이 은혜"(2절)란 무엇입니까?

❑ **묵상과 토의**
화목과 화평은 왜 칭의 못지않게 중요합니까?

❑ **묵상과 토의**

1. 환난은 언제나 인내를 이룹니까? 왜 그렇습니까(그렇지 않습니까)?

2. 믿음은 환난이 쓴 뿌리와 절망이 아니라 인내와 소망을 이루게 합니다. 어떻게 이 일이 가능합니까? 그리고 이 사실은 우리에게 어떤 의미가 있습니까?

❑ **묵상과 토의**

죄인 되었고 원수 되었던 우리를 위해 예수님께서 죽으셨습니다. 이 사실은 우리가 심판 날에 하나님의 진노하심에서 구원을 얻을 것이라는 확신을 갖게 합니다. 왜 그렇습니까? 5:6-10

❑ **선택 적용**

하나님께서 당신을 사랑하시는지, 또는 당신이 심판으로부터 안전한지 의심이 든 적이 있습니까? 만일 그렇다면, 예수님의 죽으심과 부활을 묵상해 보십시오. 예수님의 죽으심과 부활은 우리에게 무엇을 보장해 줍니까? 5:6-10

바라고… 소망(5:2,4-5). 원어에는 기대, 확신, 소망의 뜻이 담겨 있습니다. 따라서 소망이란 이러이렇게 되었으면 하고 원하는 정도가 아니라, 확신을 가지고 기대하는 것입니다. 우리는 "하나님의 영광"(5:2)을 얻을 것에 대한 확실한 기대를 가지고 있습니다. 또한 심판 날에 하나님의 진노에서 구원을 얻을 것(5:9-10)에 대한 확실한 기대를 가지고 있습니다.

하나님의 영광(5:2). 고린도후서 3:18, 빌립보서 3:21, 요한일서 3:2-3, 로마서 8:18-30 참조.

---

4. 우리가 하나님과 화평케 됨으로 얻는 한 가지 축복과 유익은 "하나님의 영광을 바라는"(2절) 소망입니다.
   1) 환난과 소망은 어떤 관계가 있습니까? 3-4절

   2) 소망은 왜 우리를 부끄럽게 하지 않습니까? 5절

   3) 하나님의 영광을 바라는 소망은 당신의 현재 환경이나 목표에 대한 당신의 태도에 어떤 영향을 미칩니까?

5. 하나님의 사랑은 우리의 소망의 확실한 보증이 됩니다. 하나님께서는 어떻게 우리에게 대한 자기의 사랑을 확증하셨습니까? 5:6-8

6. 우리는 하나님과의 화평[화목]과 영광의 소망에 대하여 기뻐하고 즐거워해야 합니다(5:2-3,11). 당신이 이처럼 기뻐하고 즐거워하지 못하게 막는 것들로는 어떤 것이 있습니까?

7. 문제 3번에 적은 축복과 유익들을 다시 살펴보십시오. 어떻게 하면 다음 한 주 동안 이 축복과 유익들을 묵상하며 즐거워할 수 있겠습니까?

도움말 적 용

다음은 하나님의 말씀을 삶에 적용하려고 할 때 가장 자주 등장하는 장애물 중에서 몇 가지 든 것입니다.

1. "이번 주에 성경 말씀을 묵상하며 기도할 시간이 없다." 다른 사람과 이야기를 하거나 업무를 하고 있을 때 말고, 차를 타고 가거나, 옷을 입거나, 또는 다른 일을 하고 있을 때, 당신은 무엇에 대하여 생각합니까? 아무리 시간이 없어도 적어도 하루에 몇 분은 낼 수 있습니다. 그 시간에 세상의 관심사보다는 하나님에 대하여 생각할 수가 있습니다. 라디오나 TV, 또는 컴퓨터를 끄고, 하나님과 단둘이 조용히 또는 소리 내어 대화하는 시간을 갖도록 힘쓰십시오.

2. "시간이 있어도 성경 말씀을 생각하는 것을 곧잘 잊어버린다." 말씀을 묵상하도록 상기시켜 주는 것들을 고안해 보십시오. 예를 들면, 자동차 운전석의 계기판, 냉장고, 책상, 거울 등에 말씀 묵상을 상기시켜 주는 메모나 성경 구절을 적은 카드를 붙여놓으십시오. 손목, 지갑, 핸드폰, 또는 가방 등에 매다십시오. 도

❑ **선택 적용**
영광에 대한 소망이나, 환난의 선한 결과들을 날마다 묵상하십시오(5:2-5). 당신의 환경에 대하여 불평하거나 포기하고자 하는 유혹을 받을 때마다 이 사실을 상기하십시오.

❑ **묵상과 토의**
우리는 어떠한 환경 가운데서도 소망으로 말미암아 기쁨이 충만해야 합니다. 그렇지 못하게 방해하는 것은 무엇입니까? 또, 우리는 믿음으로 하나님 앞에 나아갈 수 있는 놀라운 은혜를 얻었습니다. 우리로 하여금 이 은혜를 온전히 누리지 못하게 막는 것은 무엇입니까? 이에 대하여 기도하십시오.

❑ **묵상과 토의**
5:1-11은 삼위일체 하나님께서 조화 가운데 일하고 계심을 어떻게 보여주고 있습니까? 성부와 성자와 성령께서는 각각 무엇을 하십니까?

움이 되는 방법이 있으면 무엇이든 고안하여 시도하십시오! 중요한 것은 성경 말씀이 하루 동안 자주 생각나게 하는 것입니다.

3. "성경 말씀의 내용을 실천하고 싶어도 구체적인 방법이 도무지 생각나지 않는다." 당신의 생활을 영역별로(가정, 직장, 교회, 학교…), 또는 사람별로(배우자, 자녀, 부모, 이웃, 동료/동업자, 상사, 친구…) 나누어 보십시오. 한 사람을 택하여, 그 사람이 당신에게서 무엇을 필요로 하는지, 당신이 그 필요를 채우지 못하게 막는 것은 무엇인지, 당신이 그 필요를 어떻게 채울 수 있는지 등등에 대하여 기도하십시오. 또는, 최근 당신이 죄를 범한 상황을 되돌아보십시오. 가까운 장래에 그와 비슷한 상황이 다시 일어날지 생각해 보십시오. 그런 상황이 오면 이제는 올바로 깨닫고 올바로 대처할 수 있게 해달라고 기도하십시오.

당신이 배운 바를 적용할 기회를 보여 주시도록 꾸준히 기도하십시오. 그러면 반드시 응답될 것입니다.

아담으로부터 그리스도까지(5:12-21)

5:12-21은 하나님의 은혜로 믿음으로 의롭다 하심을 얻는 것에 대한 지금까지의 설명을 요약하는 한편, 6장을 이해할 수 있는 기초를 놓고 있습니다. 6장은 그리스도와 연합된 우리가 어떻게 살아야 하는지에 대해 언급하고 있습니다. 5:12-21의 핵심 개념은 오늘날의 사람들에게는 선뜻 이해하기가 쉽지 않을 수도 있습니다. 개인주의적 사고방식이 몸에 배어 있는 우리에게는 낯설기 때문입니다. 5:12-21의 핵심은 다음과 같습니다.

1. 아담은 예수님처럼 역사적 실존 인물이었다.
2. 한 몸 안에 여러 지체가 있듯이, 인류는 하나의 단일체인 동시에 연합체이다. 아담은 인류의 머리였다. 그러므로 범

죄하기로 한 아담의 결정은, 사람의 몸에서 머리가 한 결정이 몸의 나머지에 영향을 미치는 것과 똑같이, 모든 사람에게 영향을 미친다. 다른 비유를 들자면, 왕의 선포가 모든 백성에게 영향을 미치는 것과 마찬가지로, 하나님과의 전쟁을 선포한 아담의 결정은 그의 모든 자손을 전쟁으로 몰아넣었다. 어찌 보면 불공평하게 보일 수도 있지만, 그렇지 않습니다.

- 우리는 지금도 아담이 한 결정의 영향을 받고 있다.
- 각 사람은 자신의 행위로 아담의 반역을 되풀이하고 있다.
- 또한, 우리는 한 인류로서 서로 연결되어 있기에 그리스도의 죽으심은 우리에게도 영향을 미친다.

인간의 연대성(連帶性)이라는 이 개념을 기억하면서, 5:12-21을 읽으십시오. 아담과 그리스도 사이의 유사점과 차이점을 찾아보십시오.

아담의 영향(5:12–14)

8. 아담은 두 가지를 세상에 들여와 후손들에게 전하였는데, 그 두 가지가 무엇입니까? 5:12

한 사람으로 말미암아 죄가 세상에 들어오고 죄로 말미암아 사망이 왔나니…(5:12). 아담은 인류의 대표요 머리였습니다. 따라서 아담의 후손들은 모두 아담의 죄악 된 본성을 물려받았습니다. 죄악 된 행동을 할 기회를 얻기 전에 죽은 사람들도 자신들의 죄악 됨을 행동으로 나타낼 만큼 산 사람들 못지않게 본질상 타락하였다는 사실입니다. 우리는 죄를 짓기 때문에 죄악 된 것이 아니라, 죄악 되기 때문에 죄를 짓습니다. (창세기 6:5, 8:21, 시편 51:5, 58:3 참조.) 바로 아담과 우리의 연대성(連帶性)으로 인해 우리 모두는 죄를 짓게 되고 우리 모두는 죽게 되는 것입니다.

아담보다 뛰어나신 예수님(5:15-19)

표상(表象)(5:14). 헬라어로 typos인데, 문자적인 의미는 틀, 양식, 본입니다. 성경에서는, 메시야 시대의 어떤 인물, 사물, 사건을 예표하는, 구약의 어떤 인물, 사물, 사건을 가리킵니다.[2] 구약의 예표(豫表)["모형, 그림자"(골로새서 2:17, 히브리서 8:5, 9:9,23,24, 10:1 참조)]와 그것이 가리키는 신약의 실체["몸, 참 것, 참 형상"(골로새서 2:17, 히브리서 9:24, 10:1 참조)] 간의 유사성에는 한계가 있습니다. 따라서 그 한계선을 넘어 너무 멀리 나가서는 안 됩니다. 이러한 이유로, 바울은 아담과 예수님의 차이점을 주의 깊게 설명한 다음에야(5:15-17), 유사점을 말합니다(5:18-19).

9. 5:15-17에서, 바울은 "…와 같지 아니하니"라는 말을 사용하여 아담과 예수님을 대비시키고 있습니다. 다음 표에 아담의 범죄의 결과와, 하나님의 선물[예수님]의 결과를 찾아서 적으십시오.

아담	예수님

10. 바울은 "더욱," "한 사람," "많은 사람" 등과 같은 말을 반복 사용하여, 아담과 예수님의 차이를 보여 줍니다. 예수님의 영향이 아담의 영향보다 "더욱" 큰 이유가 무엇입니까? 5:15-17

11. 바울은 또한 "선물," "은사," "은혜"라는 말을 반복하여 사용합니다(5:15-17,20-21). 이 단어들은 아담과 예수님의 차이점을 설명하는 데 얼마나 중요합니까?

아담과 예수님의 유사점(5:18-19)

12. 아담과 그리스도의 차이점을 분명히 밝히고 나서, 바울은 이제 5:12에서 시작한 양자의 같은 점에 대한 설명을 끝마칩니다. 5:18-19에서 "…것같이"라는 말을 사용하여, 아담의 행

❑ **묵상과 토의**

5:18-19에서 "많은 사람"이라는 말은, 모든 사람이 누구나 의롭다 하심을 받고 구원을 얻을 것이라는 의미입니까? 5:17에서, 의롭다 하심을 받는 조건은 무엇입니까?

❑ **묵상과 토의**

예수님은 어떻게 우리로 하나님 앞에서 의롭다 하심을 받게 하셨습니까? 5:18-19

❑ **묵상과 토의**
어떤 방법으로 죄가 더한 곳에 은혜가 더욱 넘칩니까? 5:20

동과 예수님의 행동의 유사점을 말하고 있는데, 아래 표에 그것을 찾아 적으십시오.

아담	예수님

율법의 영향(5:20-21)

13. 사람들은 하나님의 율법을 알기 전에도 이미 본질상 죄인[반역자]이었습니다. 하나님과 원수 된 아담의 신분과 죄악 된 본성을 물려받았기 때문입니다(5:10,12,19). 그러나 하나님의 의로운 율법은 반역한 사람들에게 어떤 영향을 미쳤습니까? 5:20 (7:13과 비교.)

14. 왜 하나님께서는 자기의 율법이 이러한 영향을 미치기를 원하셨습니까? 5:20-21

15. 5:17,21에서 반복되고 있는 "왕노릇하다"라는 말을 관찰하십시오. 아담과의 연대성을 선택한 사람들에게는 무엇이 왕노릇합니까? 그리고 예수님과의 연대성을 선택한 사람들에게는 무엇이 왕노릇합니까?

아담

예수님

16. 5:12-21을 요약하십시오.

당신의 응답

17. 문제 7에서 이미 무엇을 적용할지 계획을 세웠을 것입니다. 만일 아직 적용을 하지 않았다면, 5:1-21에서 배운 내용 중에서 이번 한 주 동안 집중해서 묵상하고 실천하기 원하는 것을 하나 택하십시오.

18. 그것이 당신의 생각과 행동에 어떻게 영향을 미치도록 하겠습니까?

❑ 추가 연구

3:21-5:21이 하나로 묶어진다고 생각하면 당신의 개요에 5:1-21을 첨가하십시오. 그런데 5장이 6-8장 쪽에 속한다고 생각되면, 기다렸다가 5장의 개요를 6-8장과 함께 작성할 수도 있습니다.

❑ 선택 적용

1. 당신은 생명 안에서 왕노릇한다는 진리를 이번 주에 어떻게 행동으로 옮길 수 있습니까?
2. 당신이 아담과 그리스도에 대하여 배운 내용을 누구에게 말해 줄 수 있습니까?
3. 하나님 앞에서 죄인이 아니라 의인의 신분을 갖게 된 사실은 지금 바로 당신의 삶에 어떻게 영향을 미칠 수 있습니까? (5:1-5,11을 다시 살펴보십시오.)

19. 5:1-21에서 질문이 있으면 적으십시오.

소그룹 모임을 위한 지침

도입. 인류의 연대성에 대한 이해를 좀 더 돕기 위해, 그룹 멤버들에게 그들이 이 시대에, 이 나라에, 그리고 특정한 가정에 태어났기 때문에 받게 된 과분한 혜택이 있다면 무엇이 있을지 말해 보게 하십시오. 예를 들어, 전깃불, 페니실린 등과 같은 것을 들 수 있습니다. 우리가 전깃불과 페니실린의 혜택을 입는 것은 그것들을 발명해서가 아니라 다른 사람들이 그것들을 발명하여 우리에게까지 전해 주었기 때문입니다. 건강한 몸(또는 아픈 몸)을 들 수도 있습니다. 우리가 현재의 몸을 갖게 된 것은, 부분적으로는 우리의 조상들이 우리에게 어떤 특성들을 전해 주었고, 우리의 부모가 어떤 식으로든 우리를 먹여 주었고, 동시대 사람들이 우리에게 건강을 돌보는 환경과 수단을 제공하였기 때문입니다. 우리는 단지 태어남으로써 좋든 나쁘든, 이 모든 것을 얻습니다.

참고: 오늘날 많은 정치, 사회, 문화, 종교적… 그룹들이 "연대(連帶)"라는 말을 사용하여 그들의 주장을 펴며 확산시키고 있습니다. 인류는 하나로 서로 연결되어 있고, 또 한 형제라는 것입니다. 인류의 연대성은 분명한 사실이지만, 우리는 사람들이 이 사실로부터 이끌어 내는 여러 함의(含意)를 주의 깊게 따져 보아야 합니다. 그중 일부는 성경 말씀과 어긋날 뿐더러 불합리하고 거짓된 것입니다.

하나님과의 화평[화목]. 이 단락은 1절과 9-11절을 먼저 다루고 나서, 그 다음에 2-8절을 다룹니다. 1절과 9-11절이 화평

[화목]이라는 동일한 주제를 다루고 있기 때문입니다. 본문의 구성을 보면 처음과 끝에 이 주제가 언급되어 있습니다. 그리고 9-11절은 화평[화목]의 의미를 파악하는 데 도움이 됩니다.

화평, 화목, 소망, 사랑, 기쁨("즐거워함")에 대하여 이야기할 때, 먼저 각각에 대해 정의해 보십시오. 이 교재에 있는 어구 설명을 활용할 수도 있고, 다른 참조 성구들이나 사전 등을 찾아볼 수도 있습니다. 그리고 1:18-5:11을 다시 읽어 보면서 이 단어들이 사용되고 있는 문맥도 살펴보십시오.

기쁨이란, 부분적으로는 우리의 선택에 달린 것이고, 부분적으로는 하나님과의 화목으로 말미암아 우리가 소유하게 된 화평, 소망, 사랑을 묵상할 때 흘러나오는 것입니다. 때로 환경이 우리로 기뻐하지 못하도록 막을 때가 있습니다. 그럴지라도 우리는 항상 기뻐해야 합니다. 우리에게는 기뻐해야 할 이유들이 많이 있습니다. 이 기쁨의 이유들을 기억하고 묵상함으로, 멤버들로 하여금 이번 한 주 동안 항상 기쁨을 유지하는 삶을 살도록 격려하십시오.

아담과 그리스도. 이 부분을 일목요연하게 설명하기 위하여, 칠판이나 큰 종이에 표 두 개를 그리십시오. 그런 다음 하나에는, 예수님이 아담과 어떤 점에서 같고, 어떤 점에서 다른지를 적도록 하십시오(문제 12). 다른 하나에는 예수님이 아담보다 뛰어나신 점이 무엇인지 적어 보도록 하십시오(문제 9와 10). "더욱"이란 말이 들어간 구절을 상고해 보십시오.

이 비교가 우리의 삶에 왜 중요합니까? 그것이 우리가 생각하고 행동하는 방식에 어떻게 영향을 미쳐야 합니까?

마침. 하나님께서 우리에게 주신 화평, 화목, 사랑, 소망에 대하여 하나님께 감사하십시오. 함께 찬송을 부른다면, 이 주제들과 관련된 찬송들을 부르십시오. 감사가 더욱 깊어질 것입니다. 또한, 우리 인류를 서로 연결되게 하여 주셔서 예수님의 죽으심이 우리 모두에게 영향을 미칠 수 있게 하신 것에 대해 하나님을 찬양하십시오. 또한 우리에게 개인적으로 자신의 계획을 알려주신 것에 대하여 하나님께 감사드리십시오.

마무리. 다음주에는, 우리가 소유한 화평과 소망을 묵상함으로써 그 결과 각자의 삶과 사고방식에 어떤 영향을 미쳤는지를 나누도록 하십시오.

1. *The NIV Study Bible*, p. 1712.
2. Cranfield, p. 117.

8 과

로마서 6:1-14

그리스도와의 연합

우리는 모두 하나님 앞에서 죄인입니다. 그런 우리가—아브라함까지도—죄 사함을 받고 하나님으로 더불어 화목케 된 것은 오직 예수 그리스도의 은혜의 선물로 말미암은 것입니다. 우리는 과거에는 아담과 연합되어 있었기에 아담의 죄와 죽음의 영향 아래 있었습니다. 그러나 이제 그리스도와 연합함으로 그리스도의 의와 생명을 누릴 수 있게 되었습니다.

값없이 주시는 이 은혜의 선물은 오직 믿음으로만 받습니다. 결단코 하나님의 율법에 대한 순종으로 얻는 것이 아닙니다. 그런데 이 사실에 대하여 많은 사람들이 오해를 합니다. 그들은 이런 반론을 제기합니다. "아니 그러면, 하나님의 명령들을 무시하고 자기 좋은 대로 살면서, 난 예수님을 믿으니까 하나님 앞에서 의롭다고 주장해도 된단 말인가?" 더욱이 바울은 "죄가 더한 곳에 은혜가 더욱 넘쳤나니"(5:20)라고 말합니다. 바울이 "선을 이루기 위하여 악을 행하자"(3:8)라고 말했다고 비방하는 바울의 대적자들의 주장이 전혀 이상할 것이 없어 보입니다. 이제는 죄를 짓는다고 해서 다시 하나님의 심판을 받게 되는 것도 아니고, 오히려 죄가 하나님의 영광을 드러내고 높이며 하나님의 은혜를 더욱 넘치게 한다면, 죄를 지어도 된다는 말인가?

바울은 3:8에서는, 다른 아무 부연 설명이 없이 다만 이러한 사상을 정죄하고 끝났는데, 6장에서는 그 사상의 잘못을 자세히 반박합니다. 이러한 사상을 가지고 있는 자는 누구나, 바울이 죄와 의에 대하여, 아담과의 연합 및 그리스도와의 연합에 대하여 말한 바를 제대로 이해하지 못하고 있는 것입니다.

6:1-14을 읽으면서, 특별히 "죽으심[사망]," "살리심[생명]," "연합," "…와 합하여," "죄," "의"와 같은 단어를 주목하십시오.

1. 6장은 "의롭다 하심을 얻은 사람은 왜 죄를 지어서는 안 되는가?"라는 질문에 답하고 있습니다. 우리가 죄를 버려야 하는 근본 이유는 무엇입니까? 6:2

우리는 어떻게 죽었는가(6:3-10)

6:3-10에서는 우리가 어떻게 죄에 대하여 죽었는가를 설명하고 있습니다.

그의 죽으심과 합하여 세례받은(6:3). 어떤 사람이 그리스도를 믿을 때 그리스도의 죽으심은 그에게 속죄의 효력을 발휘합니다. 세례는 1) 그리스도의 죽으심을, 그리스도를 믿는 그 사람의 죄에 대한 대속으로 받아들이신다는, 하나님의 공적 선언인 동시에, 2) 그리스도를, 자기의 죄에 대한 대속물과 자기의 주님으로 받아들인다는, 신자의 공적 선언입니다.[1]

장사되었나니(6:4). 장사(葬事)란 당사자가 죽었다는 공적인 인정이요 승인이요 확인입니다. 장사처럼, 세례는 옛사람의 죽음 자체가 아니라, 죽음이 일어났음을 공적으로 확증하는 의식입니다.[2]

2. 1) 그리스도께서 십자가에 못 박혔을 때, 왜 사망이 그를 주장하게 되었습니까? 고린도후서 5:21, 이사야 53:4-6,11-12, 로마서 4:25, 5:21

2) 그러나 그리스도께서 죽으시고 부활하신 후에는, 왜 죄와 사망이 더 이상 그를 주장하지 못하게 되었습니까? 6:7,9-10

옛사람(6:6). "인간의 타락한 본성 전체. 타락 상태에 있는 전(全) 자아."[3] 타락한 인간의 그 어느 부분도 하나님 앞에서 정죄와 사망을 피하지 못합니다. 한 사람이 그리스도와 연합할 때 그는 그리스도와 함께 죽고 그리스도와 함께 살아납니다. 이렇게 하여 옛사람은 죽고 전적으로 새사람으로 태어나게 되는데, 그것은 완전히 "새로운 피조물"(고린도후서 5:17, 갈라디아서 2:20)입니다.

죄의 몸(6:6). 중생하지 않은 옛 자아로서 죄의 지배를 받습니다. 거기에는 신체적, 감정적, 심리적, 지적, 영적 자아가 포함됩니다.[4]

3. 1) 왜 사망이 우리를 지배하고 있었습니까? 5:12,17, 6:23

2) 우리가 그리스도의 죽으심과 합하여 세례를 받을 때(6:3-4), 우리에게 무슨 일이 일어났습니까? 다음 내용을 당신 자신의 말로 설명하십시오.
우리가 그리스도와 함께 장사되었다(6:4).

우리가 그리스도의 죽으심을 본받아 연합한 자가 되었다 (6:5).

우리 옛사람이 예수님과 함께 십자가에 못 박힌 것은 죄의 몸이 멸하도록 하려는 것이다(6:6).

다시는 우리가 죄에게 종노릇하지 않게 되었고(6:6), 죄에서 벗어났다(6:7).

도움말 풀어쓰기

어떤 구절을 자신의 말로 다시 써보는 것은, 문제 3에서 했듯이, 그 구절을 올바로 이해하고 있는지를 알아볼 수 있는 좋은 방법입니다. 풀어쓰기와 관련하여 의문 사항이 있으면 성숙한 그리스도인에게 물어보십시오. 이를테면, 풀어쓰기 한 것이 정확한지, 또는 어떻게 하면 더 잘할 수 있는지… 등등.

우리는 어떻게 사는가(6:11-14)

4. 우리는 그리스도와 함께 죽었고, 그리스도와 함께 장사되었습니다. 세례 의식은 이것을 표현하고 있습니다. 이처럼 죽음 자체는 한 번으로 끝나는 일회적 사건입니다. 하지만 그 영향

은 끝나지 않고 계속됩니다. 다음 구절에서 우리의 죽음이 가져오는 결과가 무엇인지를 찾아보십시오.

6:4

6:5

6:8,10

5. 그리스도께서는 죄에 대하여 단번에 죽으셨고, 하나님께 대하여 살아 계십니다(6:10). 그리스도와 연합한 우리도 마찬가지입니다(6:8). 하나님께 대하여 산다는 것은 무슨 의미입니까?

6. 그러면, 신자가 해야 할 일은 무엇입니까?

6:11

6:12-13상

6:13하

7. 왜 우리 자신을 죄에 대하여는 죽은 자요 하나님을 대하여는 산 자로 "여기는" 것이 필요합니까? 6:11

❑ **묵상과 토의**

"새 생명 가운데서 행한다"라는 말은 무슨 뜻입니까? 6:4

❑ **선택 적용**

1. 이번 주에 어떻게 하면 죄가 당신의 삶을 주관하지 못하게 할 수 있겠습니까?
2. 당신의 몸의 지체들을 어떻게 의의 병기로 하나님께 드릴 수 있겠습니까?

❑ **선택 적용**

당신은 죄에 대하여는 죽은 자요 하나님을 대하여는 산 자입니다. 당신의 죽음과 새 생명에 대해 묵상하십시오. 이 사실을 삶에서 어떻게 적용할 수 있겠습니까?

8. 6:11-13을 묵상하면서 기도하십시오. 이번 주에 당신이 이 명령들을 실천할 수 있는 실제적인 방법을 몇 가지 든다면 무엇이 있겠습니까?

법 아래 있지 아니하고(6:14). 그리스도인들은 율법이 요구하는 정죄와 형벌에서 벗어나 자유롭게 되었습니다. 이것은 전적으로 은혜로 된 것입니다. 이제 우리는 율법의 지배 아래 있지 않고 은혜의 지배 아래 있기에, 율법이 아니라 은혜를 따라 판단을 받습니다. 이 판단에 예수님께서 은혜로 개입하십니다. 은혜를 떠나서 자기 자신의 노력으로 하나님의 기대를 만족시키려고 애쓰는 것은 헛수고일 뿐입니다. 은혜는 믿는 자들에게 하나님께서 원하시는 바를 따라 살 수 있도록 능력을 줍니다. 바울은 7-8장에서 6:14 내용을 좀 더 자세히 언급합니다.

9. 6:1-14의 요지를 요약하십시오.

10. 6:1-14에서 질문이 있으면 적으십시오.

❑ 묵상과 토의

14절에서, 죄가 우리를 주관치 못할 것이라 하였습니다. 이젠 더 이상 죄가 우리의 "주관자(주인)"가 아니라는 사실입니다. 하지만 우리는 여전히 때때로 죄에게 굴복하여 죄를 짓습니다. 그렇다면 이 말씀의 의미는 무엇입니까? 6:15-8:17을 참고하십시오.

❑ 묵상과 토의

6:1-14은 하나님과 그리스도에 대하여 무엇을 말해 줍니까?

❑ 추가 연구

6:1-14의 개요를 작성하여 당신의 개요에 첨가하십시오. 아니면 기다렸다가 10과를 마치고 나서 6:1-7:25을 함께 묶어 개요를 작성할 수도 있습니다.

소그룹 모임을 위한 지침

적용. 5-10분 정도를 내어 그룹 멤버들이 그동안 로마서를 공부하면서 한 적용들을 어떻게 실천하고 있는지 그 진행 상황을 서로 나누는 시간을 가지십시오. 적용 계획을 꾸준히 실행하고 있는가? 잘 안 되고 있다면 방해 요소가 무엇인가? 말씀을 묵상하고 삶에 적용함으로써 각자의 말, 생각, 행동 등에 어떤 영향을 미쳤는가?

어떤 이들은 적용을 위해 열심히 노력을 했어도 자신에게 아무런 변화가 없는 것을 보고 실망할 수도 있습니다. 그런 사람들에게는 지금 당장 무슨 크나큰 가시적 결과가 보이지 않더라도 염려하지 말라고 말해 주십시오. 계속 힘써 기도하고 묵상하는 가운데 적용 내용을 실천할 방법을 찾아 꾸준히 실천하도록 격려하십시오. 또 어떤 이들은 때로 적용의 필요성을 못 느끼고, '꼭 그렇게 열심히 적용을 해야 하나?' 하고 생각할 수도 있습니다. 그런 사람들에게는 적용의 필요성과 중요성을 다시 한 번 상기시켜 주십시오. 73, 91-92쪽에 있는 도움말을 함께 토의할 수도 있습니다.

도입. 5:12-21과 6:1-14 말씀은 둘 다 "그리스도와의 연합"과 연관된 내용입니다. 그룹 멤버들에게, 지난 한 주를 돌이켜 보면서, 그들이 그리스도와 연합되어 있다는 사실을 생각하고 의도적으로 뭔가를 한 경우를 생각해 보게 하십시오. 예를 들면, "나는 '아담 안에' 있지 않고 '그리스도 안에' 있기 때문에, …가 어제 나를 무시한 것에 대해 그를 용서하기로 하였다."

실제로 한 것이 잘 생각나지 않으면, '맞아. 그때 이러이렇게 할 수 있었는데, 하지 못했어!' 하는 생각이 드는 경우라도 생각해 보게 하십시오.

6:11-13(문제 6-8)을 토의할 때 다음 질문을 던져 보십시오. "지난 한 주간을 돌이켜 보십시오. 우리 자신을 죄에 대하여

는 죽은 자로 여기고 우리의 지체를 하나님께 드릴 수 있는 기회가 있었는데, 그렇게 하지 못한 경우가 있었습니까?" 지나간 기회들을 생각해 보면 앞으로 그런 기회들이 왔을 때 알아차리기가 쉽습니다.

개요 작성. 개인적으로 본문을 공부한 후에 본문의 개요를 작성해 보면, 그룹 토의를 어떻게 인도할지 당신의 생각을 체계적으로 정리하는 데 도움이 됩니다. 이 교재에 나와 있는 소주제들도 개요를 작성하는 데 참조할 수 있습니다. 토의를 인도하기 전에, 공부할 본문의 요지를 명확히 파악하고 있어야 합니다. 인도자인 당신 자신이 잘 모른다면 그룹의 장래가 밝지는 않겠지요?

문제. 문제 2와 3은 서로 연관되어 있습니다. 그리스도께서 우리와 동일시하심으로 말미암아 사망이 한때 그리스도를 지배했으나, 그리스도께서 부활하심으로 말미암아 사망이 다시 그를 주장하지 못하게 되었습니다. 그리고 우리가 그리스도와 동일시함으로 말미암아 사망이 이제는 더 이상 우리를 지배하지 못하게 되었습니다.

"세례"라는 주제를 가지고 논쟁을 벌이지 않도록 하십시오. 그룹이 이 주제에 대해 좀 더 자세히 공부해 볼 필요가 있다고 생각되면, 그렇게 해보도록 하십시오. 필요하다면 신뢰할 만한 책들을 참고하십시오. 잘 모르면 영적 지도자에게 도움이 되는 책을 소개해 달라고 할 수도 있을 것입니다.

여기서는 세례가 신자에게 어떤 의미가 있으며, 또 그것을 개인의 삶에 어떻게 적용할 것인지 토의해 보도록 하십시오.

마침. 우리의 옛사람을 십자가에 못 박으시며, 우리를 그리스도와 함께 장사하시고, 우리를 그리스도와 함께 살리시고, 우리로 법 아래 있지 아니하고 은혜 아래 있게 하신 것에 대해 하나님을 찬양하십시오. 우리 자신을 죄에 대하여는 죽은 자요 하나님을 대하여는 산 자로 여기게 도와주시도록 기도하십시오.

1. Cranfield, pp. 130-131; *The NIV Study Bible*, p. 1713; Bruce, p. 136; Murray, p. 214.
2. Bruce, p. 138; Cranfield, p. 132.
3. Cranfield, p. 134.
4. Charles Hodge, *Commentary of the Epistle to the Romans* (Eerdmans, 1947[1864]), p. 197; Cranfield, p. 134; Bruce, pp. 138-139; *The NIV Study Bible*, p. 1714. But compare Murray, pp. 220-221.

9 과

로마서 6:15-7:6

은혜 아래 있음

우리는 왜 죄를 지어서는 안 됩니까? 한 가지 이유는 우리가 그리스도와 연합되어 있기 때문입니다. 그리스도와 연합한 자가 됨으로 우리는 하나님을 대하여 산 자가 되었습니다(6:1-14). 죄와 사망은 이젠 더 이상 우리를 주장[주관]하지 못하게 되었고, 대신 하나님과 은혜가 우리의 주인[주관자]이 되었습니다(5:17,21, 6:9,14).

그런데 여기에 대해 반론을 제기하는 이들이 생겼습니다. 만일 사망(죄에 대하여 율법이 명하는 형벌)이 더 이상 우리를 지배할 권세가 없다면 우리는 율법을 두려워하지 않게 될 것이고, 그렇게 되면 무엇으로 우리의 악함을 제어할 것인가? 우리가 죄와 사망, 그리고 율법의 형벌로부터 해방되었다는 사실은 모든 도덕적 표준들을 무시해도 된다는 의미인가(6:14-15)?

이 반론에 답하기 위하여 바울은 "은혜 아래" 산다는 것이 무슨 의미인지를, 주인과 종, 결혼 관계를 비유로 들어 설명합니다. 로마서 6:14-7:6을 읽으면서, "'법 아래 있지 아니하고 은혜 아래 있다'는 말이 무슨 의미인가?"라는 질문에 대한 답을 찾아보십시오.

종(6:15-23)

1. 6:15-23에서 바울은 우리가 "은혜 아래" 있다는 사실을 어떻

게 묘사하고 있습니까? 모두 찾아 적어 보십시오. 6:16,18, 22 참조.

교훈의 본(6:17). 이는 복음의 기본 내용들과 아울러, 이 복음이 신자가 얻게 된 새로운 삶에 주는 여러 가지 의미를 함께 일컫는 말입니다. 여기에는, 마태복음 5:1-7:27과 골로새서 3:1-4:6 같은, 윤리적인 교훈들도 포함될 것입니다.

2. 신자들은 어떤 태도로 그들의 새 주인에게 순종합니까? 6:17

3. 당신 자신과, 당신이 알고 있는 사람들을 생각해 보십시오. 사람들은 일반적으로 자기의 유익을 구하는 행동을 하는데, 거기로부터 무슨 유익을 거둔다고 생각하고 있습니까?

4. 그러나 죄의 종이 된 사람들이 실제로 얻게 되는 "열매" 또는 "삯"은 무엇입니까? 6:16,21,23

5. 죄에게도 하나님께도 어느 쪽에도 종이 되지 않고, 자기가 자기의 주인이 되는 것은 왜 불가능합니까?

❑ **묵상과 토의**

왜 바울은 6:16에서는 "순종"의 종, 6:18-19에서는 "의"의 종, 6:22에서는 "하나님"의 종에 대해 말합니까? 이 셋이 서로 어떤 연관이 있습니까?

❑ **묵상과 토의**

6:21에서, 죄를 지음으로 얻는 유익이란 죄를 지음으로 치러야 하는 대가에 비하면 아무것도 아니라고 말합니다. 당신은 이 말에 동의합니까? 동의하면 동의하는 근거를, 반대하면 반대하는 근거를 들어 보십시오. (전도서 5:10,15-17, 11:9-12:8 참조.)

6. 1) 6:16,19,22에는 순종의 종이 되기로 선택할 때의 결과가 연속적으로 표현되어 있습니다. 괄호 안을 채워 보십시오.

순종의 종으로 (   )에 이르고(6:16),
(   )에게 종으로 드려 (   )에 이르고(6:19),
하나님께 종이 되어 (   )에 이르는 열매를 얻었으니
이 마지막은 (   )이다(6:22).

2) 왜 이 결과들은 순종의 "삯"(4:4-5)이라기보다 "하나님의 은사"(6:23)입니까? 3:23-24, 5:19, 6:6-7,18 참조.

사람의 예(6:19). 바울은 편지를 읽는 사람들이 쉽게 이해할 수 있도록, 그들이 이미 잘 알고 있는 "종과 주인"의 관계를 예로 들어 하나님과 우리의 관계를 설명합니다. 물론 이 예화가 완전한 것은 아닙니다. 어떤 점에서 보면 전적으로 부적합하기도 하지만, 하나님과 우리의 관계에 있어서 여러 중요한 진리를 잘 표현하고 있습니다.

---

7. 1) 어떤 점에서 하나님께 대한 우리의 관계는 종과 같습니까?

2) 어떤 점에서 하나님께 대한 우리의 관계는 종과 같지 않습니까? 요한복음 15:15, 로마서 6:17,22-23

8. 6:15-23에 대한 요약으로, 율법의 형벌에서 해방된 사람은 왜 하나님께 순종하는 것을 선택하게 되는지 그 이유를 설명하여 보십시오.

결혼의 비유(7:1–6)

6:15-23에서 바울은, 진정으로 은혜 아래 살고 있는 사람들은 왜 죄를 짓지 않으려고 힘쓰는지 그 이유를 보여 주었습니다. 그런데 그리스도인은 죄뿐 아니라 율법에서도 해방되었다(6:14)는 사실을 확신하지 못하는 이들이 일부 있어 이들을 위해 다시 결혼의 비유를 들어 설명합니다.

법 아는 자들(7:1). 유대법과 로마법에는 둘 다 바울이 7:1에서 언급한 법적 원리가 포함되어 있었습니다.[1]

남편 있는 여인(7:2). 로마서 7:2-3에 나오는 남편과 아내의 법적 관계가 7:4에 나오는 율법과 우리의 관계와 정확하게 맞아떨어지는 것은 아닙니다. 마치 아내는 우리고, 남편은 율법이고 하는 식으로 이해해서는 안 됩니다. 7:2-3은 7:1에서 언급한 법적 원리를 예를 들어 설명하는 부분입니다. 7:2-3에서 남편은 죽지만, 7:4에서 율법은 죽지 않는다는 것을 주목하십시오. 율법은 여전히 살아서 죄인들에게 죽음[사망]을 요구합니다. 우리는 그리스도와 함께 죽는 것이든, 영원한 형벌을 받아 죽는 것이든 둘 중 하나를 선택해야 합니다. 그런데 우리는 그리스도 안에서 죽었으므로 더 이상 형벌을 받지 않게 됩니다.

❑ **묵상과 토의**
많은 사람들이 자기 자신이나 자녀, 또는 다른 사람들을 규칙과 형벌에서 해방시키기를 두려워하는 이유는 무엇입니까? 규칙과 형벌에서 해방시키는 것이 왜 중요합니까?

❑ **선택 적용**
이번 주에 구체적으로 어떻게, 죄에게가 아니라 하나님께 순종하는 삶을 살 수 있겠습니까? 아이디어가 필요하면 로마서 12-13장을 읽어 보십시오.

❑ **묵상과 토의**
7:1-6에서, 우리는 규칙 준수만을 고집하는 율법주의자도 아니요, 아무 규칙도 지키지 않는 율법폐기론자도 아닙니다. 왜 그렇습니까?

❑ 추가 연구

우리는 율법에 대해 죽임을 당하였으므로 율법에서 벗어났습니다(7:4,6). 이것은 어떤 의미입니까? 우리는 율법의 정죄로부터만 벗어난 것입니까? 아니면 율법의 도덕적 지시로부터도 벗어난 것입니까? 그리스도인은 율법에서 해방되었지만, 여전히 십계명을 지키기 위해 힘써야 합니까? (로마서 3:31, 7:12,14,25, 8:4, 13:8-10, 마태복음 5:17-48.)

❑ 묵상과 토의

7:6에서 왜 바울은 "영"과 "율법"을 대비시키는 것이 아니라 "영"과 "의문(儀文)"을 대비시킵니까? 7:14상 참조.

❑ 선택 적용

의문(儀文)이 아니라 성령을 따라 순종하는(7:6) 법을 보여 주시도록 하나님께 기도하십시오. 실패의 두려움 때문이 아니라 기쁜 마음으로 순종할 수 있게 해달라고 기도하십시오. 당신이 이번 주에 할 수 있는 구체적인 순종의 행동을 한 가지 찾아보십시오.

9. 법은 사람의 살 동안만 그를 주관합니다. 그래서 남편 있는 여인이 그 남편 생전에는 법으로 남편에게 매인 바 되나, 만일 그 남편이 죽으면 다른 남자에게 시집을 가도 죄가 되지 않습니다. 그 남편이 죽으면 남편의 법에서 벗어나 자유케 되기 때문입니다(7:1-3). 그렇다면, 죄인들을 사형에 처하라고 정죄하는 율법에서 우리가 자유케 된 까닭은 무엇입니까? 7:4

10. 우리는 이제 더 이상 율법에 얽매여 있지 않습니다. 율법에서 해방되었기 때문입니다. 우리는 이제 새로운 남편에게 속해 있습니다. 우리의 새로운 남편은 누구입니까? 7:4

11. 그렇다면, 율법의 정죄에서 자유케 된 우리는 그 자유로 무엇을 해야 합니까?
7:4

7:6

12. 율법은 우리가 이런 것들을 할 수 있게 한 적이 있습니까? 율법은 우리에게 무슨 일을 했습니까? 7:5

영의 새로운 것으로 섬길 것이요(7:6). 바울은 로마서 8장에서 이러한 섬김의 방식을 설명합니다. 그는 7:5을 7:7-13에서 설명합니다.

13. 6:15-7:6을 다시 읽으십시오. 본문 중에서 당신이 기억하고 적용하기 가장 원하는 진리를 하나 든다면 무엇입니까?

14. 이 진리가 이번 주에 당신의 삶에 어떤 영향을 미치기를 원합니까? 당신의 삶에서 어떻게 적용하겠습니까? 당신이 취할 수 있는 구체적인 조치를 적어도 한 가지 적으십시오.

15. 6:15-7:6에서 질문이 있으면 적으십시오.

소그룹 모임을 위한 지침

도입. 문제 3은 도입으로 좋은 질문입니다. 그룹 멤버들에게 각자의 지난날을 떠올려 보게 하십시오. 그들이 죄에서 얻은 유익이라고 생각하는 것들은 무엇입니까? 로마서 6:21은 중요합니다. "율법의 형벌로 막을 수 없다면, 무엇으로 그리스도인이 죄를

❑ 선택 적용

당신은 율법에 대하여 죽었고, 따라서 율법의 형벌이 이제 더 이상 당신을 얽매지 못합니다(7:6). 이 사실은 당신의 삶에 어떤 변화를 가져다줍니까? 당신이 맡은 일, 또는 다른 사람들이 맡은 일에 대한 당신의 태도에 어떤 영향을 미칩니까? 이번 한 주 동안 이 사실을 묵상하고, 이 사실에 대해 날마다 하나님께 감사하며, 자신의 행위를 통해 인정을 받으려는 유혹을 받을 때마다 이 사실을 상기하십시오.

❑ 묵상과 토의

6:15-7:6에서 하나님과 그리스도에 대하여 배운 것은 무엇입니까?

짓지 못하게 막을 것인가?"라는 질문은, 죄란 정상인도 짓고 싶어 하는 것이라는 거짓된 사실을 가정하고 있기 때문입니다.

소리 내어 읽기.

요약.

문제. 문제 1은 "은혜" 아래 사는 것은 순종의 종, 의의 종, 하나님의 종이 되는 것임을 보여 줍니다. 111쪽의 첫 번째 "묵상과 토의"는 이 세 가지가 어떤 관계가 있는지를 묻는 질문입니다.

선택 질문 중 몇 가지는 그리스도인의 삶 속에서 구약의 율법의 위치를 다루고 있습니다. 이 문제들을 조금 미루었다가, 7-13장을 공부한 후에 하는 것도 좋습니다. 바울이 이 주제를 반복해서 언급하고 있기 때문입니다.

마침. 당신의 주인이시요, 남편이시며, 죄의 노예 상태에서 자유케 해주신 분이신 하나님을 찬양하십시오.

1. Bruce, *Romans*, p. 145.

10과

로마서 7:7-25

율법과 죄

그리스도께서 하신 일을 설명하는 과정에서, 바울은 몇 가지 깜짝 놀랄 내용을 언급했습니다.

> 율법이 가입한 것은 범죄를 더하게 하려 함이라. (5:20)

> 너희도 그리스도의 몸으로 말미암아 율법에 대하여 죽임을 당하였으니… 우리가 육신에 있을 때에는 율법으로 말미암는 죄의 정욕이 우리 지체 중에 역사하여 우리로 사망을 위하여 열매를 맺게 하였더니, 이제는 우리가… 율법에서 벗어났으니… 영의 새로운 것으로 섬길 것이요…. (7:4-6)

이 내용만 보면, 마치 바울이 '하나님의 율법은 악한 것이다. 어떤 점에서는 죄와 같다'[1]라고 말하는 것으로 오해할 여지가 있습니다. 또한 다음과 같은 의문이 들 수 있습니다. '율법이 선한 것이라면, 왜 우리는 율법에 대하여 죽어야 하는가? 왜 하나님께서는 율법에 의해서가 아니라 은혜에 의해 우리를 거룩케 하셔야 하는가?'

따라서 바울은 이제 율법이 우리의 삶 속에서 하는 일을 더 자세히 설명합니다. 동시에 율법이 하지 않는 것도 언급합니다. 7:7-25을 읽으면서, 이 구절에 들어 있는 여러 진리의 내용을 깨닫게 하여 주시도록 기도하십시오.

❑ 묵상과 토의
7:7-13에 따르면, 하나님의 거룩한 율법이 왜 바울을 하나님 앞에서 의롭게 할 수 없었습니까?

❑ 묵상과 토의
어린아이들은 어떤 것을 하지 말라는 명령에 어떻게 반응합니까? 7:8에 있는 것처럼 반응합니까?

❑ 묵상과 토의
당신도 탐내거나, 도적질하거나, 나쁜 마음을 품거나 등등 어떤 것이 죄임을 배우고 나서 7:7-11에 묘사된 것과 같은 내용을 경험한 적이 있습니까? 7:7-11은 당신의 과거 경험을 어느 정도까지 묘사하고 있습니까?

❑ 묵상과 토의
7:7-11에 묘사된 것처럼 죄는 그리스도인의 삶 속에서 계명들을 악한 목적으로 이용할 수 있습니까? 왜 그렇습니까(그렇지 않습니까)? 당신은 그리스도인이 된 후 7:7-11을 경험한 적이 있습니까?

죄의 도구인 율법(7:7-13)

1. 바울은 7:7,12에서 율법에 대하여 무엇이라고 말합니까?

탐내지 말라(7:7). 십계명 중 열 번째 계명입니다(출애굽기 20:17). 십계명은 율법의 핵심입니다(로마서 13:8-10). 예수님께서는 마가복음 12:28-31에서 십계명을 두 가지 큰 계명으로 요약하셨으며, 마태복음 5:17-32, 12:1-14, 15:1-9, 19:16-24에서 십계명에 대해 가르치셨습니다.

생명에 이르게 할 그 계명이(7:10). 하나님께서 율법을 주신 것은 어떻게 해야 기쁨이 충만하고 풍성한 삶을 살 수 있는지를 자기 백성에게 보여 주시기 위해서였습니다. 사람이 율법을 지키면, 율법은 그 사람에게 참 생명을 줄 것입니다(레위기 18:5). 그러나 하나님께서는 율법이 죄악 된 사람들에게 정반대 결과를 가져오리라는 것을 알고 계셨습니다.

2. 7:7-11에서, 바울은 7:12의 결론을 증명합니다. 그는 "탐내지 말라"라는 계명을 받았을 때 일어난 일을 설명합니다. 바울이 경험한 것들을 적어 보십시오.

3. 율법이 가져오는 이러한 결과들은 율법 자체에 결함이 있어서입니까, 아니면 다른 데 결함이 있어서입니까? 그 이유는 무엇입니까?

4. 율법의 이러한 악한 결과들이 왜 바울에게는 궁극적으로 선한 것이었습니까? 7:13

죄와의 싸움(7:14-25)

율법이 마침내 바울에게, 죄가 얼마나 죄 되며, 그의 실상이 어떤지를 보여 주었을 때(7:13), 비로소 바울은 '은혜를 인하여 믿음으로 말미암아 의롭다 하심을 얻는' 복음을 받아들일 준비가 되었습니다. 이제, 율법 및 죄와 바울의 관계는 달라졌습니다. 주목할 것은, 7:7-13이 과거 시제로 되어 있는 것과는 반대로, 7:14-25은 현재 시제로 되어 있다는 것입니다.

5. 바울은 탐심의 죄를 죄로 인식하기 전에는 아무 거리낌 없이 탐내었습니다(7:8-11).

   1) 이제 그리스도의 것이요 의의 종인 그는 전과는 어떻게 다릅니까? 7:14-25

   2) 그리스도인이 되기 전의 과거 모습 중 그리스도인이 된 후 그의 현재 모습 속에 계속 남아 있는 것은 무엇입니까? 7:14-25

법(7:21-23). 여기서 법이라는 단어는 여러 가지 의미로 사용되고 있습니다. 7:21에서는 3:27에서처럼 "원리"를 의미합니다. 7:22에서는 하나님의 법을 의미합니다. 7:23에서는, "내 마음의 법"은

❏ 추가 연구

그리스도인은 어떤 의미에서 죄의 종이 아니고(6:1-23), 어떤 의미에서 여전히 죄의 종인지(7:25)를 살펴보십시오.

❏ 묵상과 토의

지금은 죄가 아니라 하나님이 주인임에도 불구하고, 왜 그리스도인이 죄를 범합니까?

하나님의 법이고, "한 다른 법"과 "죄의 법"은 하나님의 법에 대적하는 원리나 힘입니다.

---

6. 그리스도인은 어떤 면에서 하나님의 법의 종이 아닙니까? 6:14, 7:1-6

어떤 면에서 여전히 하나님의 법의 종입니까? 7:6,16,21-25

7. 당신은 바울이 7:14-25에서 언급하고 있는 싸움을 경험하고 있습니까? 만일 그렇다면, 당신이 경험한 것을 구체적으로 한 가지 적어 보십시오. 만일 그렇지 않다면, 그 이유를 설명하여 보십시오.

8. 바울은 이생에서 죄와의 싸움에서 건짐을 받는 것에 대하여 어떤 소망을 가지고 있습니까? 당신 자신의 말로 설명하십시오. 7:24-25

9. 8:3에서, 바울은 "율법이… 연약하여 할 수 없는 그것"에 대하여 말하고 있습니다. 바울이 그리스도인이 되기 전과 후, 율법

이 연약하여 바울을 위해 할 수 없었던 것은 무엇이며, 율법은 왜 연약했습니까? 7:7-25(특히 7:10,15-18) 참조.

10. 7:7-25에서, 당신의 현재 상황에 가장 의미가 있다고 생각되는 사실은 무엇입니까?

11. 이번 한 주 동안 이 사실을 당신의 기도, 생각, 행동 등에 어떻게 적용하겠습니까?

12. 7:7-25에서 질문이 있으면 적으십시오.

소그룹 모임을 위한 지침

도입. 다음과 같이 질문을 해보십시오. "최근 여러분이 죄의 유혹에 대항하여 싸워야 했던 때를 생각해 보십시오. 그때 어떤 느낌이 들었습니까?" 이 질문은 그룹 멤버들이 바울의 경험과 동일시하도록 하는 데 도움이 될 것입니다.

❏ **선택 적용**

죄와의 싸움에서 승리를 주시는 하나님께 감사하십시오(7:25, 고린도전서 10:13). 승리에는 죄와의 매일의 싸움에서 이김으로써 오는 일시적 승리와, 당신이 육체적으로 죽을 때 오는 궁극적 승리가 있습니다. 당신이 이 땅에 사는 동안 항상 이 싸움을 할 것입니다. 이 사실을 받아들일 수 있도록 도와주신 하나님께 감사하십시오. 그리고 당신에게 궁극적인 최후의 승리에 대한 소망을 주신 데 대해 하나님께 감사하십시오. 7:24-25을 암송하고, 다음번에 당신이 죄와 싸울 때에 이 구절을 묵상함으로 힘을 얻으십시오.

❏ **추가 연구**

6:1-7:25의 개요를 작성하여 당신의 로마서 개요에 첨가하십시오.

지금쯤이면 그룹 멤버들은 서로 잘 알고, 그래서 이런 질문에 대하여 자신을 개방할 정도로 상호 신뢰감이 형성되어 있을 것입니다. 당신이 보기에, 멤버들이 사소한 싸움 그 이상의 것을 나누기 꺼려하는 게 느껴진다면, 당신 자신의 실제 싸움을 나눔으로써 본을 보이십시오. 인도자가 신뢰의 태도를 본으로 보일 필요가 있습니다.

유의할 사항은, 당신의 그룹이 감당할 수 있는 개방의 범위가 어느 정도인지를 신중하게 판단해서 해야만 한다는 것입니다. 단순히 가십 거리가 되거나 당신에 대한 존경심을 잃게 할 수 있는, 충격적인 비밀은 밝혀서는 안 됩니다.

솔직하게 자신의 이야기를 하면 공격을 받을 가능성이 커집니다. 그럼에도 불구하고 그룹 멤버들이 솔직하게 자신을 개방할 수 있는 분위기를 조성하도록 하십시오. 물론 이것은 동기 유발을 통해 자연스럽게 되어야지 강요되어서는 안 됩니다. 어떻게 하면 좋을지 찾아보기 바랍니다.

문제. 적용을 나누는 데 시간을 할애하기 위해 해석에 대한 토의를 적절히 끝내십시오. 그룹 멤버들이 순전히 신학적인 수준의 토의에만 머물지 않도록 주의를 기울이십시오. 본문 말씀이 그들의 생각과 행동에 어떻게 영향을 미쳐야 하는지를 깊이 생각해 보게 하십시오.

마침. 우리에게 계명을 주신 것에 대해 하나님께 감사하십시오. 순종의 삶을 사는 과정에서 우리가 겪는 싸움을 다 알고 계시는 것에 대해 감사하십시오. 그리고 예수님을 보내시어 우리를 건져 주신 것에 대해 감사하십시오. 죄와 싸움을 벌이고 있는 여러분 서로를 위해 기도하십시오.

1. Cranfield, p. 154.

11과

로마서 8:1-17

성령 안의 삶

6장에서 바울은 그리스도께서 모든 형벌을 담당하셨지만 그리스도인이 죄를 지어서는 안 되는 이유를 설명했습니다. 그러면서 그리스도인이 어떻게 죄짓는 것을 피할 수 있는지 그 방법을 이야기했습니다—"너희 자신을 죄에 대하여는 죽은 자요 그리스도 예수 안에서 하나님을 대하여는 산 자로 여길지어다"(6:11), "죄로 너희 죽을 몸에 왕 노릇하지 못하게 하여"(6:12), "너희 지체를… 죄에게 드리지 말고, 오직… 하나님께 드리며"(6:13). 그런데 여기서 바울이 사용한 표현을 보십시오. 여기라, 하지 못하게 하라, 드리지 말라, 드리라—이 모든 표현을 보면 은혜 아래 있는 삶이 율법 아래 있는 삶과 별 차이가 없는 것처럼 들립니다. 우리가 하나님께서 원하시는 거룩한 성품을 얻는 것이 마치 우리의 의지로 열심히 노력해서 되는 것처럼 말입니다.

그러나 그 다음 바울은 우리가 어떻게 죄에 대하여뿐 아니라 율법에 대하여도 죽었는지를 설명했습니다(7:1-6). 우리는 죄악되기 때문에, 율법은 우리를 생명이 아니라 사망으로 인도하였습니다(7:7-13). 그러므로 우리는 그리스도로 말미암아 율법에 대하여 죽어야 했습니다. 사망이라는 율법의 형벌에 대하여 죽었으므로, 우리는 이제 하나님의 법을 지키기를 열렬히 원하게 됩니다. 하지만 우리에게는 그럴 능력이 없음을 깨닫습니다. 우리의 죄 된 본성이 여전히 우리 안에 거하고 있기 때문입니다(7:14-25). 그러면, 어떻게 해야 우리의 성품에서 거룩하고 의롭게 될 수 있습니까?

❑ **추가 연구**
우리가 그리스도의 죽으심과 합하여 세례를 받고 그리스도의 생명 안에서 그리스도와 연합되어 있다는 사실이 어떻게 해서 우리로 하여금 죄를 짓지 않게 할 수 있습니까? 6:1-14

❑ **묵상과 토의**
"생명의 성령의 법"(8:2) 이란 무엇입니까?

7장은, 우리가 의지력으로는 6:11-13 말씀을 순종할 수 없다는 것을, 즉 우리가 즐거워하는 하나님의 법(7:22)을 지킬 수 없다는 것을 분명히 합니다. 7:4-6과 8:1-17을 읽으면서 하나님의 해결책을 찾아보십시오.

결코 정죄함이 없나니(8:1-4)

정죄(定罪)(8:1). "죄가 있다고 단정함." 유죄 판결. 법적으로 "유죄" 상태일 뿐 아니라, 선고 후의 형벌까지 포함함.[1]

1. 바울은 다음 구절에서 그리스도인의 삶을 어떻게 묘사하고 있습니까?

   7:4-6

   7:14-25

   8:1-2

법(8:2-3). 2절에서 "법"은 두 경우 모두 일종의 지배[통제]력을 뜻합니다(7:23과 비교). 3절의 "율법"은 구약의 율법을 의미하는데, 그것도 어느 면으로 보면 일종의 힘입니다. 생명을 낳을 수도 사망을 낳을 수도 있고, 칭의를 낳을 수도 있고 정죄를 낳을 수도 있기 때문입니다.

죄 있는 육신의 모양으로(8:3). "성육신하신 그리스도는 진정으로 사람이 되셨으나, 다른 모든 사람들과는 달리 죄가 없으셨습니다."[2] 그러나 최후에는 우리의 죄를 친히 짊어지시고, 우리 대신 죽으셨습니다(고린도후서 5:21).

죄를 정하사(8:3). 8:1의 "정죄"에서처럼, 이 단어는 사형 선고를 받은 것뿐 아니라, 죽임을 당한다는 의미입니다.

2. 구약의 율법은 우리로 하여금 하나님께 순종하거나 생명을 얻게 할 수 있는 능력이 없습니다(7:10,15-18). 그것은 우리를 죄와 사망에서 자유케 할 수 없습니다. 그런데 율법이 "연약하여 할 수 없는 그것을" 하나님께서는 어떻게 하셨습니까? 8:2-3

3. 우리를 죄와 사망의 법에서 해방시켜 주실 때 하나님의 목표는 무엇입니까? 8:4 (7:4과 비교.)

❑ **묵상과 토의**

7:4과 8:4에 따르면, 하나님의 법은 우리의 삶에서 어떤 위치를 차지하고 있습니까?

❑ **묵상과 토의**
거룩함에 이르는 길은 매일의 과정입니까, 아니면 한 번에 얻는 승리입니까? 로마서 8:5-13, 누가복음 9:23 참조.

❑ **묵상과 토의**
부활의 소망(8:11)은 지금 우리의 삶에 어떤 변화를 가져와야 합니까?

❑ **선택 적용**
정죄, 죄, 사망으로부터 해방된 당신의 자유에 대해 묵상해 보십시오(8:1-2). 이 사실이 환경에 대한 당신의 태도에 어떤 영향을 미칩니까? 이번 주에 이 태도를 당신의 기도와 행동에 어떻게 반영할 수 있겠습니까?

육신이냐 성령이냐(8:5-11)

4. 8:5-8에서, 바울은 "영(성령)을 좇는" 생활 방식과 "육신을 좇는" 생활 방식을 대비시키고 있습니다. 차이점을 가능한 한 많이 적어 보십시오.

성령	육신

5. 8:5-7에서 육신의 일 또는 영의 일을 "생각"한다고 하였는데, 무슨 의미입니까?

…에 있는, …에 있지, …에 있나니(8:8-9). "…에 있다"는 말은 "…안에 있다"는 말로, "…와 연합되어 있다, …쪽으로 향한다, …에 매여 있다, …의 영향을 받아 그것이 원하는 대로 따라간다"는 의미입니다. 이는 지배를 받는다는 의미이며, 극단적으로 자유 의지의 상실을 의미하지는 않습니다.

6. 8:9에서, 성령의 인도하시는 능력은 일부 그리스도인들에게만 유용합니까? 왜 그렇습니까(그렇지 않습니까)?

7. 성령이 당신 안에 계시면, 그 밖에 무엇이 당신에게 사실입니까?

지금(8:10)

장래에(8:11)

죽이라(8:12–13)

12절의 "그러므로"는 8:1-11 내용을 받습니다.

8. 8:12에서 바울은 우리가 빚진 자라고 하였는데, 무슨 빚을 지고 있다는 의미입니까?

9. 우리는 왜 이 빚을 지고 있습니까? 8:1-11,13

❑ 선택 적용

자기 아들을 우리의 죄를 없앨 희생 제물로 삼으심으로써 우리를 지배하는 죄를 멸하신 것에 대해 하나님께 감사하십시오(8:3). 당신을 거룩케 하기 위하여 성령을 주신 것에 대하여 감사하십시오. 당신이 죄를 대적하도록 하기 위해 언제나 함께 계셔서 도와주시는 성령의 역사를 이번 주에 더욱 깨닫게 하여 주시도록 기도하십시오.

❑ 선택 적용

당신이 현재 맞고 있는 죄와의 싸움들을 목록으로 만들어 보십시오. 육신은 무엇 쪽으로 당신을 끌어당기고 있습니까? 성령께서는 무엇 쪽으로 당신을 인도하고 계십니까? 당신이 성령께서 원하시는 것을 생각하도록 도와 달라고 기도하십시오. 하나님께서 당신을 도와주실 것에 대해 감사하며, 믿음으로 행하십시오.

10. 13절에서 '몸의 행실을 죽인다'는 것은 무슨 뜻입니까? 당신 자신의 말로 설명하십시오.

하나님의 자녀(8:14-17)

아바(8:15). "아바"란 말은 "아버지"를 지칭하는 아람어로 다정함과 친밀함이 담겨 있으며 "아빠"에 비할 수 있습니다. 유대인들은 하나님에 대하여 이 말을 사용하지 않았으나, 예수님께서는 이 말을 사용하셨고(마가복음 14:36), 제자들에게 그렇게 하도록 격려하셨습니다. 누가복음 11:2, 갈라디아서 4:6 참조.

11. 8:14-16은, 만일 우리 속에 성령이 거하시고 우리가 성령으로 인도함을 받는다면, 우리에게 해당되는 사실이 무엇인지를 말하고 있습니다. 그 사실이 우리 삶에 대해 지니는 의미를 생각해 보십시오. 우리가 하나님을 "아바 아버지"라고 진지한 마음으로 부르게 된다면 어떤 태도와 행동이 따르겠습니까?

12. 8:1-17에서 바울은, 7:14-25의 싸움에서 우리가 어떻게 하면 이길 수 있는지, 어떻게 하면 율법의 요구를 더욱더 이룰(8:4) 수 있는지 말했습니다. 그 내용을 요약하여 보십시오.

❑ 묵상과 토의

1. 바울은 8:9-11에서 성령을 무엇이라 부릅니까?
2. 이 이름들에서 우리는 삼위일체 하나님의 세 위에 대하여 무엇을 배울 수 있습니까?
3. 우리를 거룩하게 만드는 일에서 성부와 성자와 성령께서는 각각 어떤 역할을 하십니까? 8:1-11

❑ 묵상과 토의

6:12-14,19은 8:5,13과 어떻게 연관됩니까?

❑ 묵상과 토의

성령으로 몸의 행실을 죽이는 것은 혼자 힘으로 율법을 지키려고 애쓰는 것과 어떻게 다릅니까? 7:6, 8:2-4,6,13

❑ 선택 적용

당신 삶의 어떤 영역에서 몸의 행실을 죽이고(8:13) 성령의 일을 생각해야 할(8:5) 필요가 있습니까? 이를 위해 당신이 행할 것과 기도할 것은 무엇입니까? 당신은 자신의 능력과 하나님의 능력에 대해 어떤 태도를 갖는 것이 필요합니까?

13. 8:1-17에서 당신이 이번 주에 적극적으로 순종하기 원하는 진리를 하나 든다면 무엇입니까?

14. 이번 주에 어떻게 이 진리를 실천할 수 있겠습니까? 이와 연관하여 기도하고, 묵상하고, 행동할 것은 무엇입니까?

15. 8:1-17에서 질문이 있으면 적으십시오.

소그룹 모임을 위한 지침

도입. 지난 한 주를 돌이켜 보면서 성령의 인도하심을 경험했던 때를 생각해 보십시오.

문제. 문제 1-3은 8장과 7장을 연결시키는 질문입니다. 로마서와 같은 체계적인 책을 공부할 때는 이처럼 서로 어떤 연관이 있는지를 살펴보는 것이 아주 중요합니다.

문제 4-6에서는, 여러분 각자가 성령의 일을 생각하기 위해 필요한 실제적인 방법을 토의하십시오. 육신의 일을 생각하도록 끌림을 받은 경험이라든지, 성령의 일을 생각하기 위해 자신을 훈련하는 전략이라든지… 등등을 함께 나누십시오. "육신"의 의미가 무엇인지를 토의하십시오.

문제 8-12는 또한 적용을 위한 긴 토의로 이끌 수 있습니다.

우리가 하나님의 자녀가 되었다는 사실은 우리의 행동에 어떤 영향을 미칩니까?

8장은 어렵지만 중요한 장입니다. 8장은 11과와 12과, 이렇게 두 주에 걸쳐 공부하도록 되어 있는데, 원한다면 시간을 더 할애할 수도 있습니다.

마침. 당신을 죄와 사망의 법에서 해방시켜 주신 것에 대해 하나님께 감사하십시오. 그리고 당신 안에서 율법의 의로운 요구가 온전히 이루어지게 하신 것에 대해 감사하십시오. 성령을 주사 당신 안에 거하게 하심으로 성령의 일을 생각하며 살 수 있게 해주신 것에 대해 감사하십시오. 당신을 자녀와 후사로 삼아 주신 것에 대해, 그리고 당신의 죽을 몸을 살리실 것이라고 약속하여 주신 것에 대해 감사하십시오. "아바 아버지"이신 하나님을 찬양하십시오. 당신이 아버지이신 하나님께 순종할 수 있게 도와주시고, 그리스도의 고난에 참여하게 해달라고 기도하십시오.

1. Bruce, *Romans*, p. 159; Cranfield, pp. 177-178; Stuart Olyott, *The Gospel as it Really is: Paul's Epistle to the Romans Simply Explained* (Hertfordshire, England: Evangelical Press, 1979), p. 71.
2. *The NIV Study Bible*, p. 1716.

12과

로마서 8:17-39

확 신

몸의 행실을 죽이고 성령의 일을 생각하는 것이 바로 그리스도와 함께 고난을 받는 것입니다(8:17). 이에 더하여 우리는 건강, 돈, 일, 인간관계 등등 인간 생활의 여러 영역에서 누구나 겪는 일반적인 어려움들을 맞이하게 됩니다. 우리의 고난에 대한 바울의 관점은 무엇입니까? 8:17-39을 읽으십시오.

1. 8:1-27에서 성령께서 하시는 일을 찾아 적어 보십시오.

   8:2

   8:6

   8:11

   8:13

   8:14-16

   8:23

   8:26-27

장차 나타날 영광(8:17-25)

그와 함께 영광을 받기 위하여 고난도 함께 받아야(8:17). 이 말은 우리의 고난이 영광을 얻기 위한 조건이라는 의미는 아닙니다. 그리스도의 고난이 우리에게 영광을 보장하기 때문입니다. 그리스도의 고난에 참여함은 장차 그리스도의 영광에 참여할 것을 가리켜 주는 증거라는 것입니다. 우리가 그리스도와 함께 고난을 받고 있으니, 마땅히 영광도 그와 함께 받게 될 것이라는 의미입니다. 현재의 고난은 장차 우리에게 나타날 영광과 모순되는 것이 아닙니다.

2. 그리스도와 함께 고난을 받는 것이 왜 가치가 있습니까? 8:17-18

허무(8:20). 헛된 것. 아담이 범죄하였을 때, 하나님께서는 그 필연적인 결과를 말씀하셨습니다. "땅은 너로 인하여 저주를 받고, 너는 종신토록 수고하여야 그 소산을 먹으리라. 땅이 네게 가시덤불과 엉겅퀴를 낼 것이라…"(창세기 3:17-19). 피조물은 하나님을 영화롭게 하도록 되어 있었습니다. 그러나 하나님으로부터 모든 피조물을 다스리는 권세를 부여받은 인간(창세기 1:28)이 온전히 하나님을 영화롭게 하고 있지 않는 한, 피조물은 이 일을 온전하게 할 수 없었습니다. 그러므로 피조물은 자기의 목적을 이룰 수가 없어서 탄식하며 고통하고 있습니다. 하나님께서는 피조물을 그런 상태로 내버려 두지 아니하시고, 하와의 자손을 통한 구속의 소망을 주셨습니다(창세기 3:15).[1]

3. 피조물은 허무한 데 굴복하고 있으면서도 소망을 가지고 장차 일어날 뭔가를 고대하고 있습니다. 피조물은 무엇을 고대하고 있습니까? 8:19-22

4. 우리는 "양자(養子)의 영"을 받아 이미 하나님의 자녀와 후사가 되었습니다(8:15-17). 그러나 어떤 의미에서 보면, 이 일은 아직 완성되지 않았습니다. 성령의 처음 익은 열매를 받은 우리는 양자 될 것을 기다리고 있습니다(8:23). 우리 안에 거하시는 성령께서 이 일에 대하여 확실한 "보증"이 되어 주십니다(8:15-16,23. 고린도후서 1:21-22 참조).
양자가 되는 이 일이 완전히 이루어질 때 우리에게 무슨 일이 일어나게 됩니까? 8:11,23 (고린도전서 15:35-44 참조.)

성령의 중보기도(8:26-27)

5. 영광의 소망은 고난과 허무 가운데서 우리를 지탱시켜 줍니다(8:17-25). 우리에게 있는 또 하나의 든든한 후원자는 성령이십니다. 성령의 도우심은 정말 엄청난데, 구체적으로 어떻게 우리를 도와주십니까? 8:26-27

❑ **추가 연구**

문제 4와 연관하여, 고린도후서 5:1-10, 빌립보서 3:20-21을 찾아보십시오.

❑ **묵상과 토의**

8:23에서 "우리 몸의 구속을 기다리느니라"고 했습니다. 단지 육체에서 분리된 우리의 혼이나 영만이 아니라, 우리의 몸이 구속될 것이라는 사실은 왜 중요한 의미가 있습니까?

❑ **묵상과 토의**

5:2,4-5에 나오는 "소망"의 의미를 상기하십시오(90쪽). 8:24에서 우리가 "소망으로" 구원을 얻었다고 했습니다. 하나님께서는 왜 소망으로 우리를 구원하셨을까요? 하나님께서는 우리가 장차 누리게 될 부활의 영광이라는 놀라운 기업을 우리에게 지금 당장 다 주시지 않고 소망 가운데 기다리게 하셨는데, 소망 가운데 기다림으로써 우리는 무엇을 이루게 됩니까? 8:24-25

❑ **선택 적용**

1. 그리스도 안에서 당신의 현재 신분에 대해 생각해 보십시오. 당신은 하나님의 자녀요 후사(상속자)입니다. 그리고 당신 안에 계신 성령에 대해 생각해 보십시오. 당신은 이미 성령의 처음 익은 열매를 받았습니다. 그 다음, 당신의 소망에 대해 생각해 보십시오. 장차 당신에게 나타날 영광은 얼마나 큰지 모릅니다. 이러한 사실들이 특별히 당신의 삶의 어떤 영역에서 인내하도록 도와주며 위로와 격려와 힘과 용기를 줍니까? 그러한 영역에 대한 당신의 태도에 어떤 변화가 있어야 하겠습니까?

2. 이번 주에 8:17-25을 묵상하십시오.

❑ **묵상과 토의**

당신은 성령께서 8:26-27의 내용을 당신 속에서 행하고 계시는 것을 실제로 느끼고 있습니까? 8:26-27의 약속은 당신에게 어떻게 위로가 되고 있습니까?

6. 바울이 8:17-27에서 말한 내용을 요약하십시오.

하나님의 절대주권(8:28-30)

바울은 지금까지, 우리가 어떻게 거룩하게 되어 가는지를 자세히 이야기했습니다. 우리는 의롭다 하심을 받을 때 새로운 신분을 얻었고, 이제는 이 신분에 걸맞은 의로운 성품을 갖추어 가야 하는 것입니다. 거룩하게 되어 가는 이 성화의 과정은 고난으로 가득 찬 긴긴 싸움입니다(7:14-25, 8:5,10,12-13,17-27). 이제 바울은 성화의 길을 가고 있는 우리에게 격려가 되는 사실을 말해 줍니다. 그 길의 끝에는 소망이 우리를 기다리고 있다는 것입니다. 그리스도와 함께 영광을 받게 될 것이라는 소망입니다. 또한 성령께서 우리 안에 계셔서 늘 우리를 위하여 기도하시며 계속 그 길을 갈 수 있도록 능력을 주신다는 사실입니다. 이 사실을 알 때 얼마나 격려가 되는지 모릅니다.

8:28-30을 읽으십시오. 성화에 대한 바울의 교훈은 이 부분에서 절정에 달합니다.

7. 고난을 맞이하고 죄와 싸우고 있는 우리를 8:28 말씀은 어떻게 격려하여 주고 있습니까?

부르심을 입은(8:28). 이 말에는 적극적인 태도가 담겨 있습니다.[2] 하나님께서 우리를 사랑하사 우리를 부르신 것은, 우리가 완전히 거룩하게 되기 전일 뿐만 아니라, 심지어 우리가 의롭다 하심을 얻기도 전이라는 것입니다.

미리 아신(8:29). 많은 이들은, 창세기 18:19("내가…그[아브라함]를 택하였나니…"), 예레미야 1:5("내가 너를 복중에 짓기 전에 너를 알았고, 네가 태에서 나오기 전에 너를 구별하였고, 너를 열방의 선지자로 세웠노라"), 아모스 3:2("내가 땅의 모든 족속 중에 너희만 알았나니…")을 예로 들면서, '알다'에는 은혜로 말미암은 '택함'의 의미가 들어 있다고 생각합니다.[3] 어떤 이들은 창세기 4:1과 호세아 13:5을 들어, 이 '알다'에는 부부 사이와 같은 친밀한 관계적 앎이 암시되어 있다고 말합니다.[4] 어떤 이들은 "영원한 과거에 하나님께서는, 믿음으로 하나님의 백성이 될 자들을 아셨다"는 의미라고 생각합니다.[5]

미리 정하셨으니, 미리 정하신(8:29-30). 로마서 9:11-11:36, 에베소서 1:4-12 참조.

8. 하나님께서는 무엇을 위하여 우리를 미리 정하셨습니까? 우리를 택하신 하나님의 목적은 무엇입니까? 로마서 8:29, 에베소서 1:11-12

영화롭게 하셨느니라(8:30). 장차 우리에게 나타날 영광은 너무도 확실하기에, 바울은 과거 시제를 사용하여 그것을 이미 성취된 사실로 말할 수 있었습니다. 이 말이 성화를 언급하고 있다고 볼

❑ 추가 연구

8:28-39의 일부 또는 전부를 감정을 넣어서 소리 내어 읽어 보십시오. 하나님의 약속들에 귀를 기울여 보십시오.

❑ 추가 연구

요한복음 10:14-15, 고린도전서 8:3, 갈라디아서 4:9, 디모데후서 2:19, 베드로전서 1:20에서 "알다," "미리 알다"와 같은 단어들을 찾아 그 의미를 알아보십시오. 성구사전을 이용하여 다른 구절들도 찾아보십시오.

❑ 묵상과 토의

8:28에서 바울은 두 가지로 우리를 묘사하고 있는데, 그것이 무엇입니까? 각각의 사실은 왜 중요한 의미가 있습니까?

❑ 추가 연구

8:29-30에서, 하나님께서 당신을 미리 아셨고, 당신을 미리 정하셨고, 당신을 부르셨고, 당신을 의롭다 하셨고, 당신을 영화롭게 하셨고, 지금 당신을 영화롭게 하고 계신다고 말하고 있는데, 각각의 단어에 대해 그 의미를 당신 자신의 말로 간단히 정의해 보십시오.

수 없는 이유는, 우선 문맥상 볼 때 8:17-18,21,23,29에서 죽 영화[영광]에 대해 이야기하고 있다는 것이며, 또 하나는 "성화는 영화의 시작이요, 영화는 성화의 완성"이기 때문입니다.[6]

도움말 단어의 뜻풀이

때로 성경에 사용된 어떤 단어를 보면, 일상 대화에서보다 풍부한 의미를 지니고 있기도 하고, 의미가 한정되어 있기도 합니다. 때로는 우리 말 단어가 헬라어나 히브리어 원어와는 의미가 약간 다를 때도 있습니다. 다양한 참고 자료를 사용하면 어떤 단어의 다양한 의미를 파악하는 데 많은 도움이 됩니다. 보통의 국어사전도 도움이 되고, 성경사전도 도움이 됩니다. 여러 번역본을 비교해 보는 것도 그 단어가 가진 여러 다른 의미를 파악하는 데 도움이 됩니다. 또, 성경사전이나 성경백과사전에 보면 각 단어에 대한 뜻풀이가 나와 있을 뿐 아니라 참조 구절들도 제시되어 그 단어가 성경의 다른 부분에서는 어떤 의미로 사용되고 있는지 알아볼 수도 있습니다. 참고 자료들을 사용한 후에 자기 나름대로 그 단어에 대한 간단한 정의를 기록해 보면, 나중에 그 단어를 다시 만날 때 그 단어의 의미를 쉽게 기억해 낼 수가 있어서 좋습니다.

9. 8:29-30은 이생에서 고난을 받고 죄와 싸우고 있는 우리에게 어떤 격려를 줍니까?

하나님의 사랑(8:31–39)

10. 하나님께서는 우리의 영화(榮化)에 필요한 모든 것을 주실 것입니다. 우리가 이 사실을 확신할 수 있는 이유는 무엇입니까? 8:32

11. 이제 하나님의 법정에서 우리를 대적하고 송사하며 정죄할 자는 아무도 없습니다. 이 사실을 우리는 어떻게 확신할 수 있습니까?

    8:31

    8:33-34상

    8:34하

12. 그리스도께서는 우리를 사랑하사 우리를 위해 자신의 생명을 내어 주셨을 뿐 아니라, 지금 우리를 위하여 간구하고 계십니다. 하지만 우리에게는 고통과 고난이 있습니다. 그럴 때면 '주님께서 이제는 나를 사랑하지 않으시는 건가? 나를 위하여 간구하는 일도 그만두신 건 아닐까?' 하는 의심이 들 수도 있습니다(8:35-36). 8:37-39은 어떻게 이 의심을 해결해 줍니까?

❑ 묵상과 토의

8:28-39은 하나님과 그 아들 예수 그리스도의 뜻, 성품, 속성에 대하여 무엇을 보여 줍니까?

❑ 선택 적용

다음 한 주 동안, 하나님께서 당신으로 하여금 그 아들의 형상을 본받게 하기 위하여 미리 정하셨다는 말씀을 묵상하며 기도하는 시간을 가지십시오(8:29). 그 아들의 형상을 본받고자 하는 뜨거운 열망을 주시도록 기도하십시오. 또한 하나님께서 그 일을 능히 이루실 것을 온전히 믿고 평안을 누리는 믿음을 주시도록 기도하십시오. 당신이 그 일에 어떻게 동참할 수 있는지 보여 주시도록 기도하십시오. 8:29을 암송하십시오.

당신의 응답

13. 8:17-39을 다시 읽으십시오. 본문 중에서 이번 주에 마음에 두고 적용하고 싶은 내용을 한 가지 든다면 무엇입니까?

14. 이것을 당신의 삶에 어떻게 적용하겠습니까? 당신의 생각과 태도와 행동 중에 변화가 필요한 것이 있다면 무엇입니까? 이와 연관하여 당신이 취할 수 있는 행동은 무엇입니까? 그리고 성령의 능력으로 이 일을 이룰 수 있도록 성령의 도우심을 구하십시오.

15. 8:1-39을 요약하십시오.

16. 자, 이제 8장을 마쳤습니다. 아직 6:1-8:39의 개요를 작성하지 않았다면, 작성하는 시간을 가지십시오. 6-8장 전체의 제목을 붙여 보십시오. 그 다음 6-8장을 더 작게 나누어 각각에 대해 제목을 붙여 보십시오.

❏ 선택 적용

현재 당신이 처한 환경이 자꾸만 하나님의 사랑이나 하나님의 통치를 의심하게 합니까? 만일 그렇다면, 8:28-39에서 몇 구절을 택하여 암송하고, 묵상하며 기도하는 시간을 가지십시오. 이 말씀들을 통해 당신의 태도를 변화시켜 달라고 하나님께 기도하십시오. 또, 이 말씀들에 비추어 생각해 볼 때 당신의 행동과 말에는 어떤 변화가 필요하겠습니까?

❏ 추가 연구

8:1-39의 개요를 작성하십시오. 11-12과의 소제목들이 도움이 될 수도 있습니다.

17. 8:17-39에서 질문이 있으면 적으십시오.

소그룹 모임을 위한 지침

도입. 다음 질문을 던지십시오. "여러분은 무엇을 소망하고 있습니까? 여러분은 그 소망이 이루어질 것이라 확신합니까?" 많은 사람들이 소망에 대해 막연한 생각을 가지고 있습니다. 어떤 것이 이루어졌으면 좋겠는데, 그러기에는 너무 실현 가능성이 없고, 이렇듯 실현이 불확실한 것에 대한 막연한 기대를 표현할 때 소망이라는 말을 사용하곤 합니다. 하지만 헬라어로 소망이란 말은 확실한 사실에 대한 확신 있는 기대를 뜻합니다.

문제. 로마서 8장은 삼위일체 하나님에 대하여 많이 언급하고 있습니다. 성부와 성자와 성령에 대하여 본문에서 언급하고 있는 내용을 목록으로 만들어 보면 삼위일체 하나님께서 우리 삶 속에서 하시는 일이 무엇인가를 아는 데 도움이 됩니다. 모임을 마칠 때 이 목록을 가지고 삼위일체 하나님을 찬양하는 시간을 갖도록 하십시오.

"미리 정하심[예정]"은 많은 사람들이 관심을 갖고 있는 주제입니다. 이에 대한 토의는 다음으로 연기할 수도 있습니다. 9:1-11:36에서 이 주제에 대하여 좀 더 자세히 언급하고 있기 때문입니다.

8:28-39에 나오는 하나님의 성품과 속성에 초점을 맞추십시오. 우리를 향한 하나님의 목표는 무엇인가? 하나님께서 그 목표를 이루실 것을 우리는 어떻게 확신할 수 있는가? 본문 말씀에는 하나님의 사랑, 신실(성실), 능력 등이 어떻게 나타나 있는가? 이

러한 사실들은 우리의 삶에 어떤 영향을 주는가? 공부를 마치면서 8:28-39에서 보여 주고 있는 하나님의 성품과 속성에 대하여 하나님을 찬양하도록 하십시오.

적용. 지금까지 자신이 적용하기로 한 내용을 죽 살펴보십시오. 지난 2주 동안의 실천 사항을 서로 간단히 나누는 시간을 가지십시오. 자신의 삶 속에서 하나님께서 역사하고 계시는 것을 볼 수 있습니까? 만일 잘 볼 수 없더라도 절망하지는 마십시오. 열매가 눈으로 보이게 될 때까지는 시간이 걸릴 경우가 많습니다. 지금 하든 모임을 마치면서 하든 서로를 위해 기도하는 시간을 가지십시오.

마침. 하나님께서 우리에게 약속하시고 보증하여 주신 소망을 인하여 하나님께 감사하십시오. 우리로 예수님을 본받게 하시며 우리를 영화롭게 하시려는 하나님의 목적을 인하여 하나님을 찬양하십시오. 하나님의 한없는 사랑을 찬양하십시오. 또, 자기의 약속들을 반드시 지키시는 하나님의 신실하심을 찬양하십시오. 우리의 연약함을 도우시며 우리를 위하여 친히 간구하시는 성령께 감사하십시오.

1. Cranfield, p. 196; *The NIV Study Bible*, p. 1717.
2. Hodge, pp. 280-281; *The NIV Study Bible*, p. 1718.
3. Bruce, *Romans*, p. 177; Cranfield, p. 205; John Stott, *Men Made New: an exposition of Romans 5-8* (Chicago: IVP, 1966), p. 101: Hodge, p. 284.
4. Olyott, p. 180.
5. *The NIV Study Bible*, p. 1718.
6. Bruce, *Romans*, p. 178.

13과

로마서 9:1-29

이스라엘

바울이 지금까지 이야기한 내용을 간단히 요약하면 다음과 같습니다.

1. 모든 사람이 죄를 범하였다. 그러나 우리를 위하여 죽으시고 부활하신 예수 그리스도를 믿음으로 하나님과 화목케 될 수 있다(1:18-5:21).

2. 하나님께서는 의롭다 하심을 얻은 자들이 그 아들의 형상을 본받으며 이로써 율법의 요구를 이루기를 원하신다. 그러나 이것은 오직 성령의 능력으로만 가능하다(6:1-8:39).

이제, 바울은 자신과 깊이 관련되어 있는 한 가지 사안, 즉 믿지 않는 유대인의 문제로 화제를 돌립니다. 이스라엘 백성에게 하신 하나님의 약속은 그들의 구원인데, 하나님께서 그들을 버리신 것처럼 보이는 이유가 무엇인가? 그들은 하나님의 구원 계획 속에서 어떤 위치를 차지하고 있는가? 이것은 오늘날 우리에게는 사소하게 보일 수가 있지만, 실은 하나님의 성품에 대하여 중대한 질문을 제기하는 중요한 사항입니다.

예수님께서는 육신으로 하면 유대인이십니다(1:2-3, 9:5). 그리고 복음은 하나님의 구원하는 능력인데, "첫째는 유대인"에게입니다(1:16). 하나님께서는 이스라엘 백성을 부르셔서 "영원한 언약"을 주셨습니다(창세기 17:7-8,13,19, 신명기 7:6-10, 이사야 41:8-16, 43:1-7, 예레미야 31:3-4). 우리의 구원에 대한 우리의 확신은 하나님의 주권적인 "미리 아심"과 부르심, 그리고

❑ **추가 연구**
25-26쪽에 있는 1과의 문제 4를 열어 보십시오. 거기에 9-11장의 제목들을 기록하지 않았거나, 또는 새로 제목을 붙이고 싶다면, 다음 5개의 소단락에 대해 제목을 붙여 보십시오.

9:1-29
9:30-10:21
11:1-10
11:11-32
11:33-36

❑ 선택 적용

9:1-3을 보면, 바울은 유대인들에 대해 어떤 마음을 갖고 있었습니까? 그래서 바울은 무엇을 했습니까? 당신은 누구에 대해 이런 마음을 갖고 있습니까? 당신은 무엇을 할 수 있습니까?

❑ 묵상과 토의

9:4-5에는 이스라엘이 받은 축복들이 열거되어 있습니다. 이 부분을 다시 읽으십시오.

1. 율법을 세우신 것과 예배가 양자 됨과 영광과 언약들과 약속들과 마찬가지로 큰 축복인 이유가 무엇입니까?

2. 5절에서, 이스라엘이 받은 가장 큰 축복은 무엇입니까? 이것이 그들에게 가장 큰 축복인 이유는 무엇입니까?

❑ 묵상과 토의

9:5에서 바울은 예수님에 대하여 무엇을 증언합니까?

약속에 달려 있습니다(로마서 8:28-30). 하나님께서 이스라엘을 버리셨다면, 우리는 우리의 확신이 헛된 것은 아닐까 하고 의문을 품을 수도 있습니다. 우리는 하나님의 말씀, 하나님의 공의, 하나님의 "미리 아심," 하나님의 은사, 하나님의 부르심을 의심할 수도 있습니다(로마서 9:6,14,19,21, 11:2,29). 그러므로 바울은 세 장을 할애하여 유대인의 구원 문제를 명확히 밝힙니다.

9:1-11:36은 세 장으로 되어 있지만 사실은 하나라고 할 수 있으므로, 세 장을 전부 읽는 것이 좋습니다. (단, 시간이 제한되어 있으면 9:1-29만 읽도록 하십시오.) 그런 다음 26쪽에 기록한 개요 중에서 9-11장 부분을 다시 읽어 보십시오. 33-34쪽에 제시한 개요도 훑어보십시오.

바울의 근심과 고통(9:1-5)

1. 9:1-3에서, 자기 동족 유대인들이 그리스도를 거부함으로 말미암아 그들 대부분이 하나님에게서 영원히 끊어지게 될 비극적 운명에 처해 있다는 사실을 생각할 때 바울은 무엇을 느꼈습니까?

이스라엘 사람(9:4). 야곱의 자손들. 하나님께서는 야곱에게 "이스라엘"이라는 이름을 주셨습니다(창세기 32:28 참조). 유대인들에게 "이스라엘"이나 "이스라엘 자손"이라는 호칭은 그들이 하나님의 택함받은 백성임을 가리켜 주는 말이었습니다.[1]

양자 됨(9:4). 하나님께서는 이스라엘 민족을 자기 아들로 삼으셨습니다(출애굽기 4:22-23, 예레미야 31:9, 호세아 11:1).

영광(9:4). 하나님께서는 광채 나는 구름의 형태로 이스라엘 백성에게 자신의 임재를 나타내셨습니다. 자신이 자기 백성과 함께하고 계심을 보여 주신 것입니다. 이스라엘 백성은 그 구름을 쳐다볼 수가 없었습니다(출애굽기 16:7,10, 40:34-35, 에스겔 1:28).

언약들(9:4). 특별히 하나님께서는 자신이 택한 자들과 언약을 맺으셨습니다. 아브라함과의 언약(창세기 15:1-21, 17:1-14); 이스라엘 자손과의 언약—시내산에서(출애굽기 19:5, 24:1-4), 모압 평지에서(신명기 29:1-15), 그리심산과 에발산에서(여호수아 8:30-35); 다윗과의 언약(사무엘하 23:5, 시편 89:3-4, 132:11-12) 등.

약속들(9:4). 하나님께서는 아브라함과 이삭과 야곱과 야곱의 아들들에게 거할 땅과 수많은 자손을 주시며 함께하실 것을 약속하셨습니다. 하나님께서는 선지자들을 통하여 모든 이스라엘에게 구원과 평화와 메시야와 민족의 회복을 약속하셨습니다.

조상들(9:5). 일차적으로 아브라함, 이삭, 야곱, 야곱의 열두 아들들을 가리키며, 그리고 다윗과 같은 구약의 다른 인물들도 여기에 속할 수 있습니다(마가복음 11:10, 사도행전 2:29).

하나님의 절대주권적 선택(9:6–13)

9:1-11:36에서 바울은 주제가 이스라엘이기 때문에, 이스라엘에게 하신 하나님의 말씀인 구약성경을 자주 인용합니다. 인용한 구약성경 말씀에 대해 잘 아는 경우가 아니라면, 구절들을 찾아 전후 문맥을 자세히 읽어 보도록 하십시오.

❑ 묵상과 토의

1. 9:1-13에서 우리는 하나님의 성품에 대하여 무엇을 배울 수 있습니까? 또한 하나님께서 아브라함의 아들들과 손자들을 다루시는 방법을 통해서는 무엇을 배울 수 있습니까?

2. 이것은 우리의 삶에 어떤 의미를 지니고 있습니까? 우리의 삶에 어떻게 적용할 수 있겠습니까?

❑ 선택 적용

당신은 어떻게 하면 다른 사람들의 구원에 대하여 바울과 같은 마음(9:1-3)을 가질 수 있으며, 그런 마음을 어떻게 표현할 수 있겠습니까? 이를 위하여 하나님께 기도하도록 하십시오.

이삭으로부터 난 자라야(9:7). 하나님께서 이스라엘에게 하신 구약성경의 약속들이 폐하여지지 않았음을 입증하기 위해, 바울은 구약성경에서 두 개의 예를 인용합니다. 첫 번째 예는 이삭과 이스마엘이고, 두 번째 예는 야곱과 에서입니다.

이삭과 이스마엘의 예를 보면, 두 사람 다 아브라함의 육신의 아들이었고, 둘 다 할례를 받아 언약의 가족의 일원이 되었습니다. 그러나 하나님께서는 이삭을 정하여, 오직 이삭만이 그 후손이 가나안 땅을 차지하고 모든 민족의 복이 되리라고 하신 약속을 상속할 것이라고 하셨습니다(창세기 12:1-3, 15:18-21, 17:19-21). 하나님께서는 이스마엘을 개인적으로는 버리지 않으셨습니다(성경은 그의 개인적인 구원에 대하여 아무 말도 하지 않습니다). 하나님께서는 다만, 이스마엘의 자손들이 택함받은 백성 밖에 사는 이방인이 되리라고 선언하셨습니다(창세기 16:7-14, 17:20). 이것은 잔인한 행위가 아니었습니다. 왜냐하면 이삭을 택하심에 있어서 하나님의 궁극적인 목표는 그리스도를 통하여 두 사람 모두의 자손에게 복을 주시려는 것이었기 때문입니다.

리브가가…잉태하였는데(9:10). 이스마엘이 버림받은 것은 하나님의 절대주권적이고 자비로운 뜻 때문이 아니라, 이스마엘의 어머니가 종이었기 때문이라고 주장하는 유대인이 있을 수도 있었습니다. 그래서 바울은 야곱과 에서의 경우를 또 예로 듭니다. 그들은 같은 부모에게서 몇 분 간격으로 태어난 쌍둥이입니다. 하나님께서 야곱을 택하셔서 약속을 이을 자로 삼으신 것은, 이들이 무슨 선을 행하거나 믿음을 나타낼 기회도 갖기 전입니다(창세기 25:19-26). "내가 야곱은 사랑하고 에서는 미워하였다"(말라기 1:2-3, 로마서 9:13)라고 하셨는데, 이 말씀은 야곱은 "택하고" 에서는 "버렸다"는 뜻입니다.[2] 이스마엘의 경우와 마찬가지로, 에서를 버리신 목적 역시, 궁극적으로 에서의 후손들이 야곱의 자손인 예수님으로 말미암아 구원을 얻을 수 있도록 하시려는 것이었습니다.

2. 아브라함 이래로 자기 백성을 다루시는 하나님의 방법을 특징짓는 원리는 무엇입니까? 9:6-8

3. 야곱과 에서가 무슨 선이나 악을 행하기도 전에 하나님께서 야곱을 택하셨다는 것은 왜 중요한 의미가 있습니까? 9:11-12

4. 9:11에서 "택하심을 따라 되는 하나님의 뜻"은 무엇입니까? 하나님께서는 아브라함의 육신의 자손 중 일부는 택하시고 나머지는 버리셨는데, 여기에서 하나님의 궁극적인 목표는 무엇입니까?

하나님의 절대주권적 긍휼(9:14-29)

바울은, 구약성경 전체에 걸쳐 하나님께서는 계속적으로 이스라엘 내부에서 한 집단을 택하여 민족 전체에게 주어진 약속들을 유업으로 잇게 하셨다는 사실을 분명히 합니다. 그러나 이러한 '택하심'은 또 다른 의문을 불러일으킵니다. 하나님의 공평성

❑ 묵상과 토의

하나님께서는 자기의 약속들을 유업으로 잇게 하려고 사람들을 택하실 때 무엇에 근거하여 택하십니까(9:16)? 하나님의 택하심에 영향을 주지 않는 요소들은 무엇입니까?

과 관련된 문제입니다. 즉, '그렇다면 지금까지 하나님께서 불공평하게 차별을 하셨다는 말이 아닌가?' 하는 것입니다.

5. 9:14에서 바울은 "그런즉 우리가 무슨 말을 하리요? 하나님께 불의가 있느뇨? 그럴 수 없느니라"라고 단호히 말합니다. 9:6-13에서 하나님의 공평성에 의문을 제기하게 할 수도 있는 내용을 든다면 무엇입니까? 예를 들어, 9:8,11,13을 참조하십시오.

내가 긍휼히 여길 자를 긍휼히 여기고(9:15). 바울은 출애굽기 33:19을 인용하고 있습니다. 거기에서 하나님께서는 자기의 본성과 성품을 모세에게 계시하고 계십니다. (하나님께서는 이 일을 반복적으로 하셨습니다. 출애굽기 3:14-15, 33:18-19, 34:5-7 참조.)

어떤 사람을 "긍휼히 여긴다"는 것은, 공의를 뛰어넘어, 그가 받을 자격이 없는 것을 그에게 주거나, 또는 그가 받아 마땅한 것을 그에게 주지 않는 것을 의미합니다.

6. 로마서 9:15에 따르면, 하나님의 뜻과 목적을 이루시는 과정에서 나타나는 하나님의 성품은 무엇입니까?

7. 로마서 3:19-20,23-24을 다시 읽으십시오. 하나님의 택하심을 받거나 긍휼히 여기심을 받을 권리가 있는 사람이 있습니까? 왜 그렇습니까(그렇지 않습니까)?

바로(9:17). 파라오. 애굽 왕의 호칭. 하나님께서는 모세 당시의 애굽 왕을 택하셔서 자신의 구원 계획에서 특별한 역할을 수행하게 하셨습니다. 부정적인 역할이긴 했지만 중요한 것이었습니다. 바로가 이스라엘 자손을 자유케 하기를 거부함으로 하나님께서는 애굽에 여러 가지 재앙을 내리고 홍해를 갈라 이스라엘을 애굽에서 인도하여 내셨고, 이를 통해 이스라엘을 향한 자기의 사랑과 구원하는 능력을 보이셨습니다(출애굽기 5:1-14:31). 바로의 강퍅함이 도리어 이스라엘의 믿음을 가져온 것입니다(출애굽기 14:31).

강퍅케(9:18). 마음이 강퍅하다는 것은, 하나님이 계신 것을 알고도 마음을 닫고 인정하지 않는 것이요, 자신을 하나님께 드러내 놓기를 거부하는 것으로, 강퍅한 마음을 가지고 있으면 하나님의 음성을 듣고 순종할 수가 없습니다. 성경은, 하나님께서 어떤 사람의 마음을 강퍅케 하셨다고 말하면서, 동시에 동일한 그 사람이 자신의 마음을 강퍅케 하였다고 말합니다. 일례로, 출애굽기 3-14장에 나오는 바로의 경우가 그렇습니다. 하나님의 예정과 인간의 선택이라는 주제는 영원한 신비인데, 이 경우도 여기에 속합니다.

8. 하나님께서는 한 사람을 택하여 바로로 세우시고, 그의 마음을 강퍅케 하여 이스라엘을 대적하게 하셨습니다(9:18). 하

❑ **추가 연구**

1. 하나님께서 어떤 사람의 마음을 강퍅케 하시는 것과 어떤 사람이 자신의 마음을 강퍅케 하는 것이 무슨 의미인지 알아보십시오. 다음 사례를 공부해 보십시오: 바로, 이스라엘 자손, 예수님의 제자들(출애굽기 4:21, 8:15,19,32, 14:1-4,17,29-31, 신명기 15:7-8, 여호수아 11:19-20, 사무엘상 6:6, 잠언 28:14, 이사야 19:19-23, 42:1,6-7, 마가복음 3:1-6, 6:45-52, 8:14-21).

2. 당신의 마음이 강퍅한 영역이 있는지 살펴보십시오. 그런 영역을 어떻게 알 수 있습니까?

❑ **묵상과 토의**

로마서 9:15,18에서는 하나님의 권세에 대하여 무엇을 말하고 있습니까?

❑ 묵상과 토의

하나님께 질문을 하는 것은 죄 된 것입니까? 바울은 9:20에서 어떤 태도를 책망하고 있습니까?

❑ 묵상과 토의

9:14-29에 따르면, 하나님께서는 자기의 자유 의지를 독단적으로 행사하지 않으십니다. 어떤 목적들이 하나님의 결정들을 이끕니까?

나님께서 그렇게 하신 목적이 무엇입니까(9:17)? 당신 자신의 말로 설명해 보십시오.

9. 하나님께서 어떤 사람의 마음을 강퍅케 하신다면 그 사람이 비난받을 수는 없다고 반박할 사람이 있을 수도 있습니다(9:18-19). 하나님의 지위와 성품에 비추어 볼 때(9:15,20-21), 이런 반박은 왜 잘못입니까? 문제 6-8까지의 당신의 대답을 살펴보십시오.

진노의 그릇(9:22). 우리 모두는 하나님의 진노의 대상이었고, 우리의 행위와 본성 때문에 멸망할 운명에 처해 있었습니다(로마서 1:18, 2:5-6, 3:9, 에베소서 2:1-3).

10. 하나님께서는 "진노의 그릇"을, 크신 "인자하심과 용납하심과 길이 참으심"(2:4, 9:22)으로 대하셨습니다.

1) 하나님께서는 왜 그렇게 하셨습니까(9:22-24)?

2) 이 사실은 하나님의 성품에 대하여 무엇을 말해 주고 있습니까?

이방인(9:24). 여기에는 이스마엘, 에서, 바로의 후손도 포함.

내 백성이 아닌 자(9:25). 호세아가 예언했듯이, 북쪽 이스라엘 열 지파는 정복을 당하여 이방인들 사이에 흩어졌고, 그 후손은 유대인이 아니라 이방인이 되었습니다. 그러나 하나님께서는, 그들을 돌아오게 하여 "내 백성"이 되게 하겠다고 약속하셨습니다(호세아 1:10, 2:23).

남은 자(9:27). 이사야가 예언했듯이, 북왕국 이스라엘의 오직 '남은 자'만이 주전 722년의 멸망에서 살아남았고, 남왕국 유다도 오직 '남은 자'만이 주전 586년의 정복과 추방에서 살아남았습니다. 바울은 하나님께서 계속 이스라엘을 정화하시고 오직 '남은 자'만 택하시는 것을 봅니다.

11. 요약하면, 하나님께서는 계속해서 이스라엘 자손 중에서 '남은 자'를 택하시는데, 하나님께서 이렇게 하시는 것은 왜 공의롭습니까? 9:14-29

❏ 선택 적용
당신이 9:14-29에서 배운 진리 중에서 가장 중요한 것을 다른 사람과 나누고, 아울러 그 진리가 당신에게 그토록 중요한 이유를 말하십시오.

❏ 선택 적용
1. 당신은 혹시 하나님께서 사람들을 다루시는 방법에 대하여 불공평하다거나 자의적이라는 생각이 든 적이 있습니까? 만일 그렇다면, 9:6-29에서 하나님의 절대주권과 긍휼을 묵상하고, 당신의 생각을 하나님께 아뢰십시오. 이 장은 하나님에 대한 당신의 관점에 어떻게 영향을 미칩니까?
2. 에베소서 1:1-14에서 하나님의 절대주권과 긍휼을 묵상하십시오.

❏ 선택 적용
당신이 하나님의 긍휼이나 오래 참으심을 어떻게 경험했는지 생각해 보십시오(9:15,22-23). 하나님께 감사를 표현하십시오. 감사의 마음을 표현할 구체적인 방법들을 찾아보십시오.

❑ **추가 연구**
지금 9:1-29의 개요를 당신의 개요에 첨가하도록 하십시오. 아니면 기다렸다가 9:1-11:36을 한꺼번에 할 수도 있습니다.

12. 9:1-29에서 하나님에 대하여 배운 진리 중 가장 중요한 것은 무엇입니까?

13. 당신의 삶이나 하나님을 향한 당신의 태도에 이 진리가 주는 의미는 무엇입니까?

14. 당신이 배운 것과 관련하여 이번 주에 어떤 행동을 취할 수 있겠습니까?

15. 9:1-29에서 질문이 있으면 적으십시오.

소그룹 모임을 위한 지침

도입. "여러분은 누가 예수님을 믿기를 간절히 바라고 있습니까?" 각자 한 사람씩 생각해 보게 하십시오. 이것은 그룹 멤버들로 하여금 9:1-5의 바울의 마음과 동일시하도록 돕는 데 그 목적이 있습니다. 또는, 그들의 삶 속에서, 하나님께서 불공평하시다는 생각이 든 적이 있었는지 생각해 보게 하십시오.

요약. 9:1-29에서 말하고 있는 바가 무엇이며, 또 그것이 로마서의 주제와 연관하여 왜 중요한지 그 이유를 요약하십시오. 이를 위해 로마서의 전체 개요를 함께 살펴볼 수도 있습니다.

문제. 어떤 구절의 해석을 놓고 논쟁이 일어날 수도 있습니다. 성경공부를 할 때 어떤 특정 구절과 연관하여 성경공부가 지적인 논쟁으로 흐르지 않고, 전체적인 문맥 가운데서 이해할 수 있도록 하십시오.

절대주권적 긍휼[자비]. 그룹 멤버 중 아무나 출애굽 이야기를 간단하게 해보게 하십시오. 그러면서, 마음이 강퍅한 바로를 세울 필요가 꼭 있었는지 그 이유도 말하게 하십시오. 필요하다면, 그룹 인도자는 로마서 9장의 배경이 되는 출애굽기 5:1-15:21을 읽어 배경을 잘 파악해 두도록 하십시오. 로마서 9:14-29에서, 바울은 편지를 읽는 이들이 출애굽 이야기를 잘 알고 있다고 가정하기에 출애굽 사건에 대해서 자세히 언급하지 않습니다.

로마서 9:6-29은 하나님의 절대주권, 즉 자신이 원하는 것은 무엇이든 하실 수 있는 하나님의 권세와 자유를 강조합니다. 많은 사람들은 이 개념이 얼른 보기에 우리를 억누르고 심지어 협박하는 위험한 것이라고 생각합니다. 절대주권을 가지신 하나님은 변덕스런 전제 군주 같아 보인다는 것입니다. 그룹 멤버 중에 이렇게 느끼는 사람이 있다면, 본문에 반복해서 나오는 "긍휼"이라는 단어를 주목하게 하십시오. 1:18-8:39에 나오는 하나님의 절대주권적 긍휼[자비]의 행동들을 상기시키십시오. 하나님께서는 죄 없는 사람들을 자의적으로 정죄하시는 분이 아니라, 죄 있는 사람들을 긍휼히 여기사 구원하시는 분이십니다.

하나님에 대하여 각자가 가지고 있는 감정이나 느낌을 나누고 토의해 보십시오. 하나님의 무한한 권세가 당신을 불편하게 만듭니까? 만일 그렇다면, 당신은 그 이유를 알고 있습니까? 엄한 아버지 밑에서 성장한 사람들은 때로, 무의식적으로 하나님을 그들의 아버지와 같은 분으로 생각합니다. 사실 모든 권세를 가지신 하나님은, 변덕스런 전제 군주나 엄한 아버지와는 달리, 공의와 공평과 긍휼과 자비와 사랑 가운데서 그 권세를 행사하십니다. 그룹 멤버 중 어떤 사람이 하나님의 권세가 이렇다는 사실을 받아들이는 데 어려움을 느끼고 있다면, 그가 아버지를 향하여 가지고 있는 감정들을 함께 나누고 그 문제를 위하여 함께 기도하십시오. 하나님께서 자신이 어떤 분이신지를 그에게 나타내 주심으로, 그가 하나님의 참 모습을 알게 해달라고 기도하십시오. 그리고 그 사람이 아버지를 사랑하고 하나님을 신뢰할 수 있도록 간구하십시오. 또한 그가 의식적으로 자기 아버지를 사랑하도록 격려하십시오.

다른 한편으로, 어떤 사람들이 하나님의 절대주권을 불편하게 생각하는 이유는, 자기가 자기 인생의 주인이 되어 자기 마음대로 삶을 영위하고 싶은데 하나님의 절대주권을 인정하면 그럴 수 없기 때문입니다. 이런 사람들은 자백하고 회개하며, 하나님께서 온 우주와 그들의 삶을 다스리는 것이 마땅하다는 것을 인정해야 합니다.

마지막으로, 어떤 사람들은 하나님의 사랑과 자비는 쉽게 믿으나, 하나님이 정말로 온 우주 만물과 그들의 삶을 다스리고 계신다는 것을 믿는 데는 어려움을 느낍니다. 그들은 하나님 또는 육신의 아버지가 과거에 자기들을 저버렸다면서 실망감을 느낄 수도 있습니다. 특히, 죽음이라든가 버림당함을 경험한 사람들에게 이와 같은 경향이 많습니다. 혹시 그룹 멤버 중에 이런 생각을 하는 사람이 있다면, 함께 기도하십시오. 우리의 삶에서 일어난, 불공평하고, 의미 없고, 고통스럽게 보이는 사건들 속에서도 하나님의 주권적이고 자비로운 손길을 볼 수 있도록 기도하십시오. 그리하여 외견상 하나님께서 우리를 저버린 것 같은 그 사건들에 대해서 하나님을 신뢰할 수 있게 도와 달라고 간구하십시오. 그리고 우리가 하나님의 사랑이나 하나님의 능력을 믿지 못한 것에 대해 용서를 구하십시오.

요약. 다음 질문들을 함께 상고해 보십시오. 다 다룰 수도 있고 일부만 다룰 수도 있습니다. 9:14-29은 9:1-13과 어떤 관계가 있는가? 바울은 어떤 불평에 대해 대답하는가? 그 요점은 무엇인가? 9:1-29에서 하나님에 대하여 당신이 배운 것은 무엇이며, 이것은 당신의 삶에 어떤 의미를 주는가?

마침. 하나님의 절대주권, 긍휼[자비], 오래 참으심, 권세 등에 대해 하나님을 찬양하십시오. 하나님이 참으로 어떤 분이신지를 보여 주시도록 간구하십시오. 그리고 우리의 삶에서 하나님의 능력과 하나님의 성실을 모두 신뢰할 수 있게 해달라고 간구하십시오.

1. *The NIV Study Bible*, p. 1719; Cranfield, p. 220.
2. *The NIV Study* Bible, p. 1719; Cranfield, pp. 229-231; Hodge, p. 230.

14과

로마서 9:30-10:21

불 신

❑ **묵상과 토의**
우리의 생각에서 하나님의 뜻과 인간의 책임 사이에 균형을 유지하는 것은 왜 중요합니까?

9:6-29에서, 하나님께서는 어떤 사람은 택하여 강퍅케 하시고 어떤 사람은 택하여 긍휼히 여기시며, 어떤 사람은 이스라엘 자손 중에서 "남은 자"가 되게 하시고 어떤 사람은 거기서 제외시키실 권세와 권리가 있으심을 보았습니다. 우리는 그 '택하심'이 결코 변덕스러운 것이 아님을 보았습니다. 그것은 항상, 열방 중에서 자기의 긍휼과 구원의 능력을 보이시려는 하나님의 궁극적인 목적을 성취하는 데 기여합니다.

그러나 하나님의 절대주권에 덧붙여, 하나님께서 이스라엘의 대다수를 버리신 데에는 또 다른 면이 있습니다. 9:30-10:21에서, 우리는 이스라엘의 책임을 봅니다. 본문을 기도하는 마음으로 읽으면서, 내용의 흐름이 어떻게 전개되고 있는지 살펴보십시오. 각각의 구절과 문단이 전체의 요지에 어떻게 부합하는지를 알아보십시오.

유대인의 시도(9:30-10:4)

1. 하나님의 법에는 사람이 어떻게 의롭게 될 수 있는지가 나와 있으며, 이스라엘이 의를 좇은 것은 옳은 것입니다. 문제는,

이스라엘이 그 의를 좇는 방법에 있습니다. 무엇이 잘못되었는지 당신 자신의 말로 설명하십시오. 9:32

2. 유대인들이 의를 좇은 것은 선한 것이나, 그들의 방법은 선하지 않습니다(9:31-32). 마찬가지로, 하나님을 향한 그들의 열심은 선하나, 그 열심의 기초는 선하지 않습니다(10:2-3). 하나님께 가까이 가려는 그들의 열심 뒤에 있는 태도에서 무엇이 잘못되었습니까?

그리스도는… 율법의 마침이 되시니라(10:4). "마침"은 헬라어로 telos인데, 종착, 목표, 도달점, 성취, 완성 등을 뜻합니다. 그리스도는 다음과 같은 의미에서, 율법의 종착점이요 성취입니다. 1) 그는 희생 제사를 위한 율법의 요구들을 다 이루셨습니다. 따라서 우리는 더 이상 의식(儀式)적 율법들을 지킬 필요가 없습니다. 2) 그는 율법의 모든 명령들을 다 순종하셨습니다. 3) 그는 율법의 형벌을 다 치르셨습니다. 4) 그는 새 언약을 시작하셨습니다(예레미야 31:31, 고린도후서 3:6). 그 새 언약 안에서 우리는 자기 노력이 아니라 성령으로 섬깁니다(로마서 7:6).[1]

로마서 10:1-21에서 바울은 유대인들의 잘못을 깨우쳐 줍니다. 유대인들은 그리스도께서 율법의 마침이 되신다는 사실을 완전히 오해하여 믿기를 거부하였던 것입니다. 그들이 율법을 올바로 이해했다면, 율법이 인간의 죄를 담당하실 한 구원자를 가리키고 있으며 또 그 구원자를 요구하고 있음을 인정하였을 것입니다(갈라디아서 3:24, 골로새서 2:17, 히브리서 9:1-14).[2] 그리

❑ 추가 연구

다음의 구약의 인물들은 의의 법을 좇되 행위에 의지하지 않고 믿음에 의지하였습니다. 그들은 어떻게 하였습니까?

다윗(시편 32, 34, 37, 40, 51)

이사야(이사야 6:1-8, 8:11-20)

미가(미가 6:6-8)

❑ 선택 적용

구원받지 못한 유대인들을 향한 바울의 태도에 대해 생각해 보십시오(로마서 10:1). 당신이 여기서 본받을 것은 무엇입니까? 이것을 누구에게 어떻게 적용하겠습니까?

❑ 묵상과 토의

1. 이스라엘이 부딪힌 돌은 누구입니까? 9:32-33

2. 이스라엘은 왜 이 돌에 부딪혔습니까? 10:2-4

고 제사의 법들은 궁극적으로 하나님의 은총을 얻기 위하여 행위가 아니라 믿음에 의지하도록 이끌고 있음을 깨달았을 것입니다. 그러나 이스라엘은 하나님의 은총을 얻기 위하여 하나님의 자비를 믿고 의지하지 않았습니다. 자신들의 행위로 하나님의 은총을 얻을 수 있다고 생각하여 그들의 능력을 믿고 의지하였습니다.

주님을 부르라(10:5-13)

하나님께서는 모세에게 계명들에 대해 이렇게 말씀하셨습니다. "너희는 나의 규례와 법도를 지키라. 사람이 이를 행하면 그로 인하여 살리라. 나는 여호와니라"(레위기 18:5). "모세가 기록하되, '율법으로 말미암는 의를 행하는 사람은 그 의로 살리라' 하였거니와"(로마서 10:5). 이스라엘은, 하나님께서는 그들이 그들 자신의 힘으로 그 계명들을 힘써 지키기를 원하신다고 잘못 생각하여, 자신의 힘으로 계명들을 지키려고 하였습니다(로마서 10:3). 그러나 이것은 교만하고 어리석은 시도였습니다(로마서 3:20,23, 7:14,21-23).

3. 10:5의 모세의 말은 사실상 율법의 마침이 되시는 그리스도를 가리키고 있습니다. 이에 대하여 구체적으로 설명해 보십시오. 로마서 8:3-4 참조.

믿음으로 말미암는 의는 이같이 말하되…(10:6-8). 바울은 또다시 율법(신명기 30:12-14)을 인용하여, 율법의 진짜 목표가 어떻게 해서 그리스도인지를 보여 줍니다. 신명기에서, 모세는 하나님의 "명령"에 불순종하는 것에 대한 변명들을 반박하고 있습니다. 즉, 아무도 그 명령들이 감춰져 있거나 멀리 있다고 말할 수 없다는 것입니다. 바울은 신명기의 말씀을 명령이란 말 대신에 그리스도를 넣어 인용함으로써, 율법에 대하여 말한 것은 궁극적으로 그리스도에 대해서도 사실이라는 것을 보여 줍니다.

모세는, 이스라엘 자손들이 하나님의 율법을 지키지 않으면서 변명하기를, '그것은 하나님께 대한 반역으로 그런 것이 아니라 하나님의 말씀을 몰라서 그랬다'고 주장하리라는 것을 미리 내다보았습니다. 바울도 역시, 그들이 그리스도를 믿지 않는 것에 대해 동일한 변명을 하리라는 것을 미리 내다보았습니다.

4. 유대인이든 다른 어느 누구든, 사람이 구원을 얻기 위해서는 어떻게 해야 합니까? 10:9-13

예수를 주(主)로 시인하며(10:9). 예수님은 주님이시다! "이것은 초대교회의 신앙 고백이다(고린도전서 12:3과 비교).… '주'(헬라어로 kyrios)라는 단어가 칠십인 역(구약성경의 헬라어 역본)에서 이스라엘의 하나님의 이름인 여호와를 번역하기 위해 6,000회 이상 사용된다는 사실에 비추어 볼 때, 바울은 예수님께 이 단어를 사용하면서 예수님의 신성(神性)을 고백하고 있음이 분명하다."[3]

네 마음에(10:9). "성경에서 마음은 감정의 처소일 뿐 아니라, 지성과 의지의 처소이기도 하다."[4]

❑ 묵상과 토의
어느 면에서, 유대인들은 "하나님의 의"를 몰랐습니다(10:3). 그러나 그러한 무지가 예수님을 믿지 않은 것에 대한 변명이 될 수는 없습니다(10:6-8). 왜 그렇습니까?

❑ 묵상과 토의
당신(또는 당신이 알고 있는 어떤 사람)의 모습을 9:31-10:4에 기록된 유대인들의 모습과 비교해 보십시오. 닮은 점이 있습니까? 만일 그렇다면, 어떤 점에서 닮았습니까?

❑ **묵상과 토의**
하나님께서 예수님을 죽은 자 가운데서 살리신 것을 믿는 것은 왜 그토록 중요합니까? 10:9

❑ **선택 적용**
10:9-13을 암송하십시오. 이 구절의 의미와 중요성을 누구와 나누겠습니까? 그 사람의 이름을 적어 보십시오. 그리고 그가 주님을 믿고, 시인하고, 주님의 이름을 부르도록 그를 위해 기도하십시오.

❑ **선택 적용**
오늘날 복음을 들을 기회가 정말로 없는 사람은 누구입니까? 하나님께서 그들에게 복음을 전할 사람들을 보내 주시도록 꾸준히 기도하십시오. 하나님께서 당신을 보내기 원하시면 가겠다는 태도로 기도하십시오.

5. 마음으로 "믿는" 것과 입으로 "시인하는" 것은 왜 둘 다 중요합니까? 10:9-10

이스라엘이 주님을 부르지 않는 이유(10:14-21)

10:6-8의 설명에도 불구하고 여전히, 하나님께서 유대인들에게 복음에 응답할 기회를 충분히 주지 않았노라고 이의를 제기할 수도 있을 것입니다. 그래서 바울은 10:14-15에서 네 개의 질문을 반대 순서로 던져, 주님을 불러 구원을 얻는 데 필요한 조건들을 보여 주고 있습니다.

6. 그 네 가지 조건은 무엇입니까?

아름답도다, 좋은 소식을 전하는 자들의 발이여(10:15). 이사야 52:7을 인용한 것입니다. 이사야 52:7은, 하나님의 백성들에게 하나님께서 머지않아 그들을 바벨론 포로 생활에서 구원하실 것이라는 소식을 알리기 위해 달려오는 자들을 묘사합니다. 바울은 그 말씀을, 복음을 전파하는 자들 곧 하나님께서 사람들을 죄와 사망에서 건져 주셨다고 외치는 자들에게 적용합니다.

당시 유대인의 경우, 그리스도를 부르기 위한 조건 중 두 가지는 이미 충족되었습니다. 즉 이미 복음을 전할 자들이 보내심을 받았고, 그들이 복음을 전파했기 때문입니다.

주여, 우리의 전하는 바를 누가 믿었나이까(10:16). 이사야 53:1을 인용한 것입니다. 이사야 53:1은 고난받는 종의 노래(이사야 52:13-53:12)의 일부입니다. 그것은 백성의 죄를 담당하실 종을 묘사하고 있습니다.

그 소리가 온 땅에 퍼졌고(10:18). 시편 19:4을 인용한 것입니다. 이제 유대인들은 그들이 믿지 않는 것에 대해, "그리스도의 말씀"(로마서 10:17)을 들을 기회가 없었기 때문이라고 변명하지 못합니다.

---

7. 대부분의 이스라엘 사람들의 경우에 구원의 조건 중 어떤 것이 충족되지 않았습니까? 10:14,16

내가 백성 아닌 자로써 너희를 시기 나게 하며(10:19). 신명기 32:21을 인용한 것입니다. 신명기 32:21에서 모세는, 이스라엘 백성이 믿음에서 떠나 우상을 숭배하게 될 때 하나님께서는 자기 백성이 아닌 이방인을 사용하여 그들을 시기 나게 하여 믿음으로 되돌리실 것을 미리 내다보았습니다.

---

8. 유대인들은 왜 그들의 불신에 대하여 그리스도의 말씀을 몰라서 그랬다고 핑계 댈 수 없습니까? 10:19-21

❑ **묵상과 토의**

9:30-10:21에 따르면, 왜 하나님께서는 어떤 사람은 택하여 긍휼을 베푸시고 어떤 사람은 택하여 공의로 심판하실 권리가 있습니까?

❑ **묵상과 토의**

9:30-10:21에서 하나님과 그리스도에 대하여 배운 것은 무엇입니까?

당신의 응답

9. 9:30-10:21은 다음에 대하여 우리에게 무엇이라고 말합니까?

하나님께서 어떤 사람을 구원으로 인도하기 위하여 하시는 일은 무엇인가? 10:8,15,21

다른 사람들의 구원에 대한 우리의 책임은 무엇인가? 10:14-15

사람이 구원을 얻기 위하여 자신이 해야 할 것은 무엇인가? 10:9-13,17

사람이 구원을 얻지 못하게 막는 행동과 태도는 무엇인가? 9:32, 10:2-3,6-7,21

10. 9:30-10:21을 가능한 한 간단명료하게 요약하여 보십시오.

11. 본문 말씀에서 당신의 삶에 적용하고 싶은 진리는 무엇입니까?

12. 이 진리를 어떻게 적용할 수 있겠습니까?

13. 9:30-10:21에서 질문이 있으면 적으십시오.

❑ **선택 적용**

다른 사람들의 구원에 대한 당신의 책임에 대하여 기도하십시오(문제 9). 이번 주에 이것을 누구에게 어떻게 실천할 수 있습니까? 기회와 용기를 달라고 하나님께 구하십시오.

❑ **추가 연구**

당신의 개요에 9:30-10:21을 첨가하십시오. 아니면, 기다렸다가 15과가 끝난 후 할 수도 있습니다.

소그룹 모임을 위한 지침

도입. 모든 멤버들에게 마음속으로 한 사람을 생각해 보라고 하십시오. '아, 나는 그 사람이 하나님께로서 난 의(빌립보서 3:9)를 받아들이는 것을 너무도 보고 싶어!' 하는 생각이 드는 그런 사람 말입니다.

문제. 이 과는 다소 어렵습니다. 난해한 구절이 좀 있고, 구약성경 인용구가 많이 있기 때문입니다. 게다가, 9:30-10:21은 흐름상 하나로 되어 있어서 중간에 단락을 나누기도 어렵습니다.

많은 사람들이 이 본문 말씀들을 통하여 그리스도께 자신을 드렸으나, 이 말씀들이 유대인들에 대한 바울의 논의에 어떻게 부합되는지는 잘 모릅니다. 이 교재는 단계적으로 바울의 논지를 따라가면서 그가 의도한 바를 잘 이해할 수 있도록 이끌어 줄 것입니다. 또 바울이 구약성경의 말씀들을 어떻게 인용하여 사용하는지도 보여 줄 것입니다. 이를 통해 바울이 말하려는 요지를 파악하고, 그것을 각자의 삶에 적용할 수 있게 될 것입니다.

그룹 멤버들이 일단 바울이 말하는 바를 파악했으면, 이런 질문을 던져 보십시오. "여러분은 누군가가 구원받는 것을 보기를 간절히 원하고 있다고 하였는데, 어떻습니까? 그 사람들에게는 구원을 얻을 기회가 주어져 있습니까?" 만일 그렇지 않다고 생각된다면, 그들에게 복음을 전할 사람들을 보내 주시도록 기도하게 하십시오. 또한 하나님께서 그들의 마음을 부드럽게 준비시켜 주심으로 그들이 복음을 들을 때 받아들일 수 있게 해달라고 기도하게 하십시오. 또한, 여러분이 그들에게 가서 복음을 전할 수 있는 사람으로 준비되게 하여 달라고 기도하십시오. 비판적인 사람들은 자주 이렇게 불평합니다. "하나님께서 복음을 들을 수 없는 국가들에 살고 있는 사람들을 심판하시는 것은 불공평하다. 그들은 복음을 들을 수 없지 않느냐?" 이와 연관하여 그룹이 어떤 특정 국가의 사람들을 위하여 기도할 계획을 세울 수도 있을 것입니다.

마침. 사람들에게 복음을 전할 사람들을 보내 주셔서 그들을 그리스도께로 인도하시는 것을 인하여 하나님을 찬양하십시오. 계속 복음을 증거하는 사람들을 보내 주시는 것에 대하여 하나님을 찬양하십시오. 여러분을 복음 전하는 자로 삼아 주시도록 하나님께 간구하십시오.

1. Bruce, *Romans*, p. 203; Hodge, pp. 335-336.
2. Hodge, p. 335; Cranfield, pp. 252-253.
3. *The NIV Study Bible*, p. 1721.
4. *The NIV Study Bible*, p. 1721.

15과

로마서 11:1-36

하나님의 계획

10장만 보면, 모든 이스라엘이 그리스도를 버렸기 때문에, 하나님께서는 모든 이스라엘을 버리셨다는 생각을 할 수도 있을 것입니다. 그러나 9장에서 바울은 "남은 자"에 대하여 언급했습니다. 이스라엘 자손 중에 기업을 잇기 위하여 하나님의 절대주권으로 택하심을 입은 사람들이 있다는 것입니다. 바울은 다시 이 "남은 자"에 대한 진리로 되돌아가, 하나님의 택하심의 현재 및 미래의 목적을 보여 줍니다. 11:1-36을 읽으십시오.

남은 자(11:1-10)

1. 하나님께서 이스라엘 민족을 전체로 버리신 것이 아니라, 그들 가운데서 믿지 아니하는 사람들만 버리셨다는 것을 보여 주기 위해 바울이 그 증거로 제시하는 것은 무엇입니까?
   11:1

   11:2상(8:29-31과 비교)

   11:2하-5

2. 남은 자가 하나님의 복을 상속할 것을 보장하여 주는 것은 무엇입니까? 11:5-6

이방인과 이스라엘의 구원(11:11-32)

3. 대부분의 유대인들을 강퍅케 하기로 하신 하나님의 주권적 결정에서 어떤 선한 결과가 나왔습니까? 11:11

4. 이스라엘의 회개(그리고 그 결과로 오는 '충만함'과 '받아들임')는 세상에 어떤 영향을 미치게 됩니까? 11:12,15

5. 하나님께서는 자기 백성인 이스라엘 중 일부를 원 나무에서 꺾으시고 그 나무에 이방인들을 접붙이셨습니다. 바울이 11:17-32에서 이를 길게 설명하는 이유는, 이방인들이 가지고 있을지도 모르는 잘못된 태도를 바로잡기 위해서입니다. 이 잘못된 태도는 무엇입니까? 11:18,20,25

❑ 묵상과 토의

이스라엘 중 택하심을 입지 못한 자들이 열심히 구하여도 얻지 못한 것은 무엇이며, 왜 얻지 못하였습니까? 9:30-32, 11:7-10

❑ 묵상과 토의

이스라엘이 "넘어지기까지 실족"하지는 않았다는 사실은 왜 중요합니까? 11:11(11:12-16,23,25-29과 비교.)

❑ 묵상과 토의

1. "이스라엘로 시기 나게 하는 것"은 바울이 이방인들에게 복음을 전파하는 동기 중 하나입니다(11:13-14). 시기가 어떻게 사람을 그리스도께 대한 믿음으로 인도할 수 있습니까?

2. 사람의 시기심에 호소하는 것은 어떤 위험이 있습니까?

3. 이것은 당신이 시도해야 할 방법이라고 생각합니까? 왜 그렇습니까(그렇지 않습니까)?

6. 왜 이방인들이 그런 태도를 가지고 있어서는 안 됩니까? 11:17-24에서 그 이유를 찾아보십시오. 가능한 한 많이 적어 보십시오.

이 비밀(11:25). 전에는 명확지 않았으나 이제는 모든 사람이 알 수 있도록 하나님에 의해 계시된 진리를 뜻합니다. 이 비밀은 핵심이 되는 진리로서, 이를테면, 성육신(디모데전서 3:16), 그리스도의 죽으심(고린도전서 2:1-2,7), 그리스도 안에서 만물을 통일시키고 유대인과 이방인이 함께 후사가 되고 함께 지체가 되고 함께 약속에 참예하는 자가 되게 하시려는 하나님의 경륜(에베소서 1:9, 3:3-6), 육체의 부활(고린도전서 15:51)과 같은 것입니다.[1]

7. 바울이 말하는 "비밀"은 무엇입니까? 11:25-27

8. 어떤 의미에서 유대인들은 이방인들을 인하여 "원수 된 자"(11:28)입니까? 11:11 참조.

❑ **선택 적용**

1. 당신은 바울이 11:18,20,25에서 책망한 것과 같은 태도를 가진 적이 있습니까? 이에 대하여 하나님께 아뢰십시오.

2. 11:18-22을 묵상하십시오. 당신은 어떻게 11:22대로 행할 수 있습니까?

❑ **묵상과 토의**

11:26의 "온 이스라엘"이란 누구를 가리킵니까? 이것은 당신의 삶에 어떤 영향을 미칩니까?

❑ **묵상과 토의**

"온 이스라엘"이 어떻게 구원을 얻게 됩니까? 11:26-27

❑ **선택 적용**

11:29은 당신에게 어떤 격려를 줍니까? 당신은 이 격려에 어떻게 응답하겠습니까?

❑ 묵상과 토의
11:1-32에 나타난 하나님의 성품들은 무엇입니까?

❑ 선택 적용
11:1-32에 나타난 하나님의 성품들을 묵상해 보십시오. 이것은 자원하여 하나님을 의뢰하고자 하는 당신의 태도에 어떤 영향을 줍니까? 이것을 실제 삶에서 구체적으로 어떻게 적용하겠습니까?

❑ 묵상과 토의
11:33-36은 왜 9:1-11:32에 대한 적절한 응답입니까?

❑ 선택 적용
이번 주에 11:33-36을 묵상하십시오. 하나님에 대한 이 진리들을 당신의 제반 관심사와 결정에 어떻게 적용할 수 있겠습니까? 구체적인 적용 방법을 적어도 한 가지 찾아 보십시오.

9. "저희가… 택하심으로 하면 조상들을 인하여 사랑을 입은 자"(11:28)라는 것은 왜 중요합니까?

10. 11:30-32에서 바울이 유대인과 이방인에 대하여 말하는 것은 무엇입니까?

11. 11:1-32을 요약하여 보십시오.

송영(頌榮)(11:33-36)

12. 바울은 11:33-36에서 하나님을 어떻게 묘사하고 있습니까? 가능한 한 많이 적으십시오.

당신의 응답

❑ **추가 연구**

1. 당신의 개요에 11:1-36이나 9:1-11:36을 첨가하십시오.
2. 또는, 이 교재의 맨 뒤에 있는 빈 페이지를 사용하여, 9:1-11:36의 개요나 요약을 기록하십시오.

13. 11:1-36에서 당신에게 가장 의미 있는 진리를 한 가지 든다면 무엇입니까?

14. 이 진리를 이번 주에 어떻게 마음에 간직하고 적용할 수 있겠습니까?

15. 11장에서 질문이 있으면 적으십시오.

소그룹 모임을 위한 지침

도입. 이번 주에 각자가 "하나님의 인자와 엄위"를 어떻게 경험했는지 하나씩 생각해 보게 하십시오.

문제. 어떤 구절의 해석을 놓고 논쟁이 일어날 수도 있습니다. 성경공부를 할 때 어떤 특정 구절과 연관하여 성경공부가 지적인 논쟁으로 흐르지 않고, 전체적인 문맥에서 이해할 수 있도록 하십시오.

마침. 11:33-36의 내용을 기초로 하여 하나님을 찬양하는 기도를 하십시오. 하나님의 지혜를 찬양하는 찬송가를 택하여 함께 부르는 것도 좋습니다.

1. *The NIV Study Bible*, p. 1724.

16과

로마서 12:1-21

산제사

하나님께 대한 찬양(33-36절)으로 11장을 마쳤는데, 아직도 더 말할 것이 남아 있을까요? 이제 남은 것은, 지금까지 말한 것이 우리의 실제 삶과 연관하여 어떤 의미를 지니고 있는가 하는 것뿐입니다. 12:1의 "그러므로"는 편지의 나머지 부분을 그 앞부분과 연결시켜 주는 역할을 합니다. 12장부터는 "하나님의 모든 자비하심으로"(12:1) 우리가 어떻게 살아야 하는지를 말하고 있습니다. 12:1-21을 읽으십시오.

❑ **추가 연구**

1:1-11:36에서 "하나님의 모든 자비하심"이 어떻게 나타나 있는지 찾아보십시오. (예. 3:21-26, 4:25, 5:1-2,6-11, 6:22, 7:4-6, 8:1-39, 9:22-25, 10:6-21, 11:1-2,11-16,22-32.)

일반적 원리(12:1-2)

1. 바울은 12:1에서 "하나님의 모든 자비하심"에 우리가 어떻게 응답해야 하는지를 말하고 있습니다. 각각의 의미에 대해 설명하십시오.

   너희 몸을

   하나님이 기뻐하시는

❑ **묵상과 토의**

바울은 왜 우리 자신을 드리는 것을 "영적" 예배라고 부릅니까? 12:1

거룩한

산제사로

드리라

영적(12:1). "영적"이라는 말은 보통은 pneumatikos로서 pneuma("영")에서 나왔습니다. 그러나 이 구절의 "영적"이라는 말은 logos("말," 또는 "이성")에서 나온 logikos입니다. 이 말에는 "영적인," "합당한" 등의 의미가 내포되어 있습니다. 따라서 우리의 몸을 하나님이 기뻐하시는 거룩한 산제사로 드리는 것은, 하나님의 은혜에 대한, 유일하게 합당하고 영적인 응답입니다.[1]

이 세대를 본받지 말고(12:2). 여기서 '본받다'라는 말은 문자적으로는, 어떤 틀에 넣어 주조하거나 찍어 내는 것입니다. J. B. 필립스는 이 구절을 다음과 같이 옮깁니다. "여러분을 둘러싼 세상이 자기의 틀에 여러분을 집어넣어 찍어 내지 못하게 하십시오."[2]

변화를 받아(12:2). 이 말에 해당하는 헬라어 동사를 보면, 이것은 과정이지 일회적 사건이 아닙니다. 따라서 한 번 변화를 받고 끝나는 것이 아니라, 계속해서 변화를 받으라는 의미가 들어 있습니다.[3] 고린도후서 3:18("저와 같은 형상으로 화하여")에서는, 이 단어가 "화(化)하다"라고 되어 있는데, 그리스도의 형상으로 바뀌어 가는 우리의 내적 변화를 뜻합니다. 로마서 8:29을 참조하십시오–"그 아들의 형상을 본받게 하기 위하여."[4]

2. 12:2에 따르면, 우리가 하나님의 뜻을 분별하기 위해서 해야 할 일은 무엇입니까?

3. 우리가 본받지 말아야 할 "이 세대"에는 어떤 것들이 있습니까? 그중에서 현재 당신을 유혹하고 있는 것은 무엇입니까?

4. 우리의 마음을 어떻게 새롭게 할 수 있습니까? (로마서 8:5,9,12-13, 고린도후서 3:18, 에베소서 3:14-21, 4:22-24, 5:1, 디모데후서 3:16, 누가복음 11:13, 시편 1:1-3, 119:11 참조.)

1) 하나님께서 하셔야 할 일은 무엇입니까?

2) 우리는 하나님께서 하시는 일에 어떻게 동참해야 합니까?

구체적 지침: 그리스도의 몸(12:3-8)

바울은 하나님의 모든 자비하심에 기초하여 그리스도인의 삶의 일반적 원리를 이야기한 후, 12:3-15:13에서 구체적인 권면을 합니다. 우리의 생각이 새로워지고 바뀌어야 할 첫 번째 영역은,

❏ 묵상과 토의
마음을 새롭게 하는 것은 왜 중요합니까? (로마서 1:21,28, 8:5-8, 에베소서 4:17-24, 누가복음 6:43-45 참조.)

❏ 선택 적용
문제 3에서 당신이 말한 유혹과 연관하여 로마서 12:1-2을 적용할 수 있는 구체적인 방법을 생각해 보십시오. 그것을 어떻게 실천에 옮길 수 있겠습니까?

❏ 선택 적용
12:1-2을 암송하십시오. 당신이 여전히 본받고 있는 이 세대에 속한 것으로는 어떤 것들이 있는지 적어 보십시오. 그리고 이와 연관하여 성령께서 당신의 마음을 새롭게 하여 달라고 간구하십시오. 다른 사람들에게 당신을 위하여 기도해 달라고 요청하십시오. 그리고 당신이 묵상하기에 좋은 성경 말씀들을 찾도록 도와달라고 요청하십시오.

그리스도의 몸 안에서 우리의 위치를 어떤 시야로 바라보아야 하는가 하는 것입니다(12:3-8).

5. 우리가 다른 그리스도인들에 대하여 우월감이나 열등감을 가져서는 안 되는 이유는 무엇입니까? 12:3-6

은사(12:6). 헬라어로 charismata로, charis("은혜")에서 나옴. 하나님께서는 은혜로 성령을 통해 이 은사들을 주시는데, 그리스도인들로 하여금 그리스도의 몸 안에 있는 필요들을 채울 수 있도록 하려는 것입니다.

예언(12:6). "성령께서 어떤 신자에게 알려 주신 하나님의 마음을 전달하는 일. 앞으로 일어날 일에 대한 예고일 수도 있고(사도행전 11:28, 21:10-11의 아가보의 예 참조)… 어떤 상황에 대한 하나님의 뜻을 지시하는 것일 수도 있습니다(사도행전 13:1-2, 고린도전서 14:29-30)."[5] 또는, "덕을 세우고 권면하며 안위" 하기 위하여 주어진 말일 수도 있습니다(고린도전서 14:3).

섬기는 일(12:7). 일반적인 의미로는, 하나님께 하는 것이든 하나님의 이름으로 사람들에게 하는 것이든, 모든 섬김을 통틀어 말합니다. 구체적으로는, 궁핍한 자들에게 하는 실제적인 섬김을 뜻합니다(마태복음 25:34-40, 사도행전 6:1-2, 로마서 15:25).[6]

❑ 묵상과 토의

바울은 여러 편지에서 우리는 "그리스도 안에서" 연합되어 있다는 사실을 강조하고 있습니다(로마서 6:11, 12:5). 이것은 무엇을 의미합니까? 로마서 5:15-19, 6:3-11, 에베소서 2:11-22를 상고하십시오.

❑ 선택 적용

1. 바울이 12:6-8에서 언급한 은사들은 어떤 필요들을 채우기 위한 것입니까? 당신은 이 필요들을 채우는 데 어떻게 참여할 수 있겠습니까?

2. 당신이 그리스도의 몸 안에서 현재 수행하고 있거나 수행할 수 있는 기능을 한 가지 적어 보십시오. 만일 생각이 나지 않거나 잘 모르겠다면, 주님께서 당신에게 주신 은사가 무엇이며, 그 은사를 따라 그리스도의 몸 안에서 당신이 수행할 수 있는 기능이 무엇인지 보여 주시도록 기도하십시오. 필요하다면 당신을 잘 아는 영적 지도자나 성숙한 그리스도인에게 물어볼 수도 있습니다.

권위(勸慰)하는 일(12:8). '가르치는 일'이 무엇이 참인지, 그리고 그것에 비추어 우리가 해야 할 바가 무엇인지를 말해 주는 것이라면, '권위하는 일'은 가르침받은 것을 행하도록 동기를 부여하여 행할 수 있도록 해주는 것입니다.[7]

긍휼을 베푸는(12:8). "아픈 사람들, 가난한 사람들, 나이 든 사람들을 돌보는 것"[8]을 말합니다.

---

6. 12:6-8에서, 바울은 그리스도의 몸 안에 있는 여러 가지 은사를 열거하고 있는데, 이것이 은사의 전부는 아닙니다. 바울의 목적은, 우리가 어떤 은사를 어떻게 사용해야 하는가에 대해 원리를 가르치기 위한 것이기 때문입니다. 우리는 여기서 어떤 원리를 발견할 수 있습니까?

7. 1) 바울이 12:6-8에서 언급한 은사들을 상고해 보십시오. 바울은 그 은사의 사용과 연관하여 각각에 대하여 한마디씩 권면의 말을 하고 있습니다. 그 은사를 가진 사람의 더 나은 발전을 위한 것도 있고, 다른 사람들의 유익을 위한 것도 있습니다. 고린도전서 12:7,17-21 참조.

❑ 묵상과 토의

1. "사랑에는 거짓이 없나니"(12:9). 이 말의 의미는 무엇입니까? 예를 들어, 우리가 어떤 사람에 대해 사랑의 감정을 느끼지 않으면 사랑의 행동을 해서는 안 된다는 말입니까? 당신의 대답과 그 이유를 말해 보십시오.

2. 당신의 사랑에 어떤 식으로든 거짓이 있으면 보여 주시도록 기도하십시오.

3. 9-21절에서 몇 구절을 묵상하고, 이번 주에 거짓 없는 사랑을 실천할 기회를 찾아보십시오. 예를 들면, 13절을 묵상하면서, 어떻게 성도들의 쓸 것을 공급할 것인지, 또는 어떻게 손 대접하기를 힘쓸 것인지를 생각해 볼 수도 있습니다.

❏ 묵상과 토의

1. 어떤 그리스도인들은 악을 미워하는 것보다 사람들을 사랑하는 것을 더 강조합니다. 하지만, 악을 미워하는 것이 왜 똑같이 중요합니까?

2. 우리가 어떻게 악은 미워하되 악을 행하는 자는 미워하지 않을 수 있습니까?

3. 당신의 삶을 살펴보십시오. 선에 속하기 위해 미워해야 할 악이 있습니까? 악을 미워하고 선을 택할 수 있게 도와주시도록 기도하십시오.

❏ 묵상과 토의

1. 12:10에서 "존경하기를 서로 먼저 하며"라고 했는데, 이것은 무슨 의미입니까? (빌립보서 2:2-4 참조.)

2. 먼저 존경하기가 어려운 사람을 한 사람 생각해 보십시오. 왜 어렵게 느껴집니까? 이번 주에 그 사람을 존경할 방법을 한 가지 찾아보십시오. 그 사람을 진심으로 사랑하고 존경하는 마음을 달라고 기도하십시오.

2) 이를 통하여 볼 때, 우리는 자신의 은사에 대해 어떤 태도를 가져야 합니까? 에베소서 4:11-16 참조.

8. 12:3-8의 교훈을 당신의 삶에 어떻게 적용할지 생각해 보십시오. 그리스도의 몸 안에서 당신의 기능 및 가치와 연관하여 당신의 생각과 행동에 어떤 변화가 있기를 원합니까? 이 면에서 당신의 생각을 새롭게 하기를 원합니까? 그 구체적인 방법을 몇 가지 적어 보십시오.

구체적 지침: 사랑(12:9-21)

9. 12:9에서, 바울은 처음으로 우리가 행해야 할 사랑에 대하여 말합니다. 그리스도인들과 불신자들을 향한 우리의 사랑의 원천은 무엇입니까? 5:5

10. 성경에서 말하는 사랑은 단지 감정이 아니라 그 이상의 것입니다. 왜 그렇습니까? 5:6-8, 12:7-8,10-21, 13:8-10. (요한일서 3:17-18 참조.)

열심을 품고(12:11). "열렬한 마음으로," "영 안에서 열심을 내며," 또는 "성령으로 뜨거워진 마음을 가지고"라고 번역할 수도 있습니다.[9] 바울이 여기서 권면하는 것은, 성령의 인도하심을 따라 나오는 기쁨이 넘치는 행동입니다.

손 대접(12:13). 일차적으로, 친구들을 접대하는 것이 아니라, 나그네나 궁핍한 처지에 있는 사람들을 대접하는 것입니다. 당시에는, "일반인이 묵을 만한 제대로 된 숙박시설"[10]이 없어서, 순회 교사나 전도자나 여행자나 장사하는 사람들은 친지나 친구들에게 소개받은 사람들이 제공하는 손 대접에 의지해야 했습니다. 그리스도인들은 자기 집 문에 들어오는 그리스도인이면 누구든지 잠시 머물다 가게 하는 것을 당연시했습니다. 물론 머무는 기간에 제한은 있었습니다. 또한, 당시에는 교회 건물이 없었기 때문에 신자들은 자기 집을 예배 장소로 제공했습니다. 손 대접에는 불신자들에 대한 손 대접도 포함됩니다. (참조 구절: 창세기 18:1-8, 열왕기상 17:7-24, 열왕기하 4:8-14, 디모데전서 3:2, 5:10, 디도서 1:8, 히브리서 13:2, 베드로전서 4:9, 요한삼서 1:5-8.)

모든 사람 앞에서 선한 일을 도모하라(12:17). 이 말은 '모든 사람 앞에서 선한' 일, 즉 신자든 불신자든 누가 보더라도 선한 일을 도모하라는 뜻일 수도 있고, '모든 사람 앞에서' 즉 어느 누구 앞에서든 항상 선한 일을 도모하라는 뜻일 수도 있습니다.

❑ **묵상과 토의**

1. 12:12에서는 환난 중에 우리가 가져야 할 태도에 대해서 말합니다. 우리는 환난에 대해 어떤 태도를 가져야 합니까? 이것을 잘 실천할 수 있는 방법은 무엇입니까?

2. 왜 우리는 환난을 당할 때 소망 중에 즐거워해야 합니까? 5:3-5 참조.

3. 자신이 현재 환난 중에 있다고 느낍니까? 이 말씀을 묵상하십시오. 아울러 우리의 소망(8:18-39)을 묵상하십시오. 하나님께 당신의 감정을 아뢰십시오. 그리고 12:9-21에 나와 있는 다른 교훈들도 실천해 보십시오. 그러면 환난의 고통 가운데서도 참으며 소망 중에 즐거워할 수 있게 될 것입니다.

숯불을 그 머리에 쌓아 놓으리라(12:20). 이 구절은 잠언 25:21-22을 인용하고 있습니다. 이 말은 여러 가지로 이해할 수 있는데, 모두 회개를 내포하고 있습니다. 그중 두 가지만 들면 다음과 같습니다.

1. 고대 애굽의 형벌 중에, 죄인이 회개의 표시로서 숯불을 담은 대야를 머리에 이는 형벌이 있었다.[11]

2. 수치의 고통을 그린 것이다. 범죄한 양심으로 고통을 느끼게 하는 목적은 원수로 회개하여 친구가 되게 하려는 데 있다.[12]

11. 12:9-21을 다시 읽어 보십시오. 그런 다음 이 과의 질문과 답을 다시 복습해 보십시오. 당신이 새롭게 배우거나 자신의 삶에 적용하기를 원하는 교훈들이 있으면 적어 보십시오.

12. 그중에서 하나를 택하여 실천 계획을 세워 보십시오. 이 영역에서의 변화와 성장을 위해 다음 한 주 동안(또는 그 이상일 수도 있음) 무엇을 어떻게 할 것인지 기도하는 가운데 구체적으로 적어 보십시오.

13. 12:1-21에서 질문이 있으면 적어 보십시오.

❑ 선택 적용

우리 주위에는 가난하거나, 정신적으로 결함이 있거나, 배운 게 없거나, 신체적 결함이 있거나 하는 사람들이 있습니다. 당신은 이런 사람들과 함께하며 어울리기가 어떻습니까? 쉽습니까, 어렵습니까? 12:16을 묵상하십시오. 그런 사람들과 함께할 기회를 주시고, 또 진실한 마음으로 그들을 당신보다 낫게 여기고 존경할 수 있게 해달라고 기도하십시오.

❑ 묵상과 토의

1. 12:13을 읽어 보십시오. 이것은 왜 그리스도인들에게 중요합니까? (참조: 요한복음 13:35, 요한일서 3:16-24.)

2. 손 대접을 할 기회를 달라고 기도하십시오. 손 대접에 드는 비용에 대해서도 하나님께 아뢰십시오.

소그룹 모임을 위한 지침

적용. 9:1-11:36에서는 하나님의 절대주권과 자비에 대해 배웠고, 12:1-21에서는 그리스도의 몸 안에서의 성도의 삶에 대해 배웠습니다. 몇 분간을 할애하여, 이것을 배우고 나서 각자의 삶에 나타난 변화, 즉 자신의 생각이나 뜻이나 태도나 행동 등에 어떤 변화가 있었는지를 나누도록 하십시오.

도입. 그룹 멤버들에게 그들이 불신자들과 어떻게 다른지 생각해 보게 하십시오. 그들의 태도, 생활 방식, 또는 행동은 불신자들과 어떻게 다른가? 이 질문은, 이 세대를 본받지 않고 마음을 새롭게 한다는 것이 무엇을 의미하는지 생각해 보도록 자극할 것입니다.

문제. 12:3-21의 구체적인 내용들은 주로 선택 질문에서 다룹니다. 토의 시간에, 구체적인 내용 중 한두 개를 택하여 토의하면서, 그룹 차원에서, 또는 개인적으로 그것을 어떻게 실천할 수 있는지 알아보도록 하십시오. 그룹 토의 시 12장의 내용 중 무엇을 택하여 토의를 할지 미리 기도하면서 마음속으로 정해 두는 것이 좋습니다. 그룹 멤버들이 구체적인 적용은 없이, 추상적으로 일반적인 원리들만 토의하지 않도록 하십시오. 12:9-21의 내용들은 우리의 몸을 산제사로 드리는 구체적인 예들이라는 사실을 기억하십시오. 문제 11과 12에 어떻게 답했는지 모든 사람에게 나눌 기회를 주십시오. 원한다면, 이렇게 하면서 12:9-21의 구체적인 내용들을 전부 다룰 수도 있습니다.

"네 원수가 주리거든 먹이고 목마르거든 마시우라"(20절)는 말씀을 잘못 해석하여, 사랑이 아니라 상대방을 부끄럽게 하려는, 자기의(自己義)에서 나온 잘못된 시도를 해서는 안 됩니다. 자기의에서 나온 이런 행동은 변형된 '원수 갚음'이요 위선적 행동입니다. 누가복음 6:27-42과 비교해 보십시오. 그룹 멤버들에

❏ 묵상과 토의

1. 악으로 악을 갚는 것은 왜 잘못입니까? 12:14,17,19-21
2. 원수에게 선을 행하는 것이 어떻게 악을 이깁니까? 12:19-21
3. 상대방이 죄책감을 느끼게 하려고 겉으로만 용서를 하는 척할 수 있는데, 이것은 왜 12:19-21을 이루지 못하는 것입니까?
4. 원수에 대한 우리의 친절이 진실한 사랑과 겸손에서 나온 것임을 어떻게 확신할 수 있습니까?
5. 이번 주에 12:14,17-21을 어떻게 실천할 수 있겠습니까? 기회를 달라고 하나님께 기도하십시오.

게 자기가 분노를 느끼고 있는 사람들을 떠올려 보게 하십시오. 각자가 그 사람들을 완전히 용서할 수 있게 해달라고 간구하는 시간을 가지십시오.

요약.

마침. '하나님의 모든 자비하심'에 대해 하나님께 감사하십시오. 여러분 자신을 하나님께 산제사로 드리도록 하십시오.

1. Bruce, *Romans*, p. 226; Cranfield, p. 295.
2. *The New Testament in Modern English*, J. B. Phillips, translator (New York: Macmillan Publishing Company, 1958, 1960, 1972), p. 332.
3. Cranfield, p. 296.
4. *The NIV Study Bible*, p. 1725; Bruce, *Romans*, pp. 226-227; Cranfield, p. 296.
5. *The NIV Study Bible*, p. 1750.
6. Cranfield, p. 305.
7. *The NIV Study Bible*, p. 1725; Cranfield, pp. 305-306.
8. *The NIV Study Bible*, p. 1725.
9. Cranfield, p. 311.
10. J. N. D. Kelly, *A Commentary on the Epistles of Peter and Jude* (Grand Rapids, Michigan: Baker Book House, 1981 [1969]), p. 178.
11. Bruce, *Romans*, p. 230; *The NIV Study Bible*, pp. 981-982.
12. Cranfield, pp. 316-317; Wiersbe, p. 144; Bruce, *Romans*, p. 230; Olyott, p. 118; Hodge, p. 402.

17과

로마서 13:1-14

빚

'변화된 삶'이란 다른 그리스도인들을 사랑과 겸손으로 섬기는 것을 의미합니다(12:3-8). 그리고 나그네와 원수를 이와 동일한 사랑과 겸손으로 대하는 것을 의미합니다(12:9-21). 13장에서도 계속 '변화된 삶'이라는 주제를 다룹니다.

정부에 대한 우리의 빚(13:1–7)

13:1-7을 읽을 때, 사도 바울이 "위에 있는 권세들"에 대하여 이상주의적 생각을 하고 있다고 생각해서는 안 됩니다. 사도행전을 보면 바울은 국가 권력의 좋은 면과 나쁜 면을 다 잘 알고 있었습니다. 또한, 그는 13:1-7에서 가르치는 내용을 실천했습니다. 유대 당국의 핍박으로 감옥에 갇힌 적도 있고 다섯 번 맞았으며, 로마 당국에게 세 번 태장으로 맞았습니다(사도행전 16:16-24, 고린도후서 11:24). 그러므로 초대교회 그리스도인들이 처했던 정치적 상황을 알면 바울의 교훈을 이해하는 데 도움이 됩니다.

당시 로마 제국은 권위적인 체제지 민주적인 체제가 아니었습니다. 언론과 결사의 자유는 국민의 기본권이 아니었습니다. 로마 정부는, 종교는 정치적 의미를 지니고 있다는 것을 알았습니다. 그래서 일부 종교는 "합법 종교"로 인정하고, 그 나머지는 불법으로 간주했습니다. 유대교는 합법 종교였습니다. 주후 57년, 바울이 로마의 신자들에게 편지할 당시 기독교는 로마 관원들에게는 단지 또 하나의 유대교 분파일 뿐이었습니다. 이 사실은 여러 이유에서 교회에게는 대단히 중요한 것이었습니다.

모든 신민들은 신으로 숭배되는 황제에게 제사를 드리도록 되어 있었는데, 특별히 유대인들은 그것이 면제되었습니다. 그 대신, 유대인들은 예루살렘에 있는 성전에서 황제의 안녕을 위해 하나님께 기도하고 제사를 드리도록 되어 있었습니다. 이러한 황제 숭배로부터의 면제는 유대인들(그리스도인들도 포함)로 하여금 유일하신 참 하나님께 대한 그들의 충성을 유지하게 해주었습니다. 그러나 아마도 그리스도인들은 관원이 될 수 없었을 것입니다. 지방이든 중앙이든 제국의 관원은 국가의 종교 의식에 참여해야만 했기 때문입니다. 때로는 반사회적이고 비애국적이라는 말을 듣기도 했습니다. 로마의 신들을 찬양하는 여러 축제에 참가하기를 거부하였기 때문입니다. 이처럼 그들은 관리가 될 수 없고 때로 이웃에게 이상한 사람 취급을 받았음에도 불구하고 전혀 개의치 않았습니다. 그리스도인들은 국가 권력이 예배와 신앙생활을 방해하지 않는 한 국가 권력에 굴복하였고, 정부 당국자들은 그리스도인들이 법을 준수하는 한 그들을 보호하고 간섭하지 않았습니다.

그러나 바울이나 다른 그리스도인들이 어떤 도시에 가서 복음을 전할 때마다 으레 전통적 유대인들과 그리스도인이 된 유대인들 사이의 갈등(나뭄, 소요, 공격 포함)이 뒤따랐습니다(사도행전 9:19-31, 14:1-7). 때로는 그 지역의 이방인들과의 갈등이 유발되기도 하였는데, 복음 전파 때문에 그들의 생계가 위협을 받았기 때문입니다(사도행전 16:16-24, 19:23-41). 이로 인해 로마 관원들에게는 이 '그리스도인'이라는 유대교 분파는 자꾸만 분쟁을 일으키는 자들처럼 보였습니다.

치안을 방해하거나 폭동을 교사하거나 실제로 폭동과 소요를 일으키는 행위는 로마의 평화에 중대한 위협을 가하는 것이었습니다. 당시 제국 내의 많은 지역에서 제국의 통치에 불만을 품은 집단들이 끊임없이 말썽을 일으키고 있었습니다. 그래서 로마 당국은 각 지방의 관리들이 제국의 평화를 깨뜨리는 이런 소요 사태들에 대해서는 무자비하게 처리해서라도 다시는 그런 일이 일어나지 않기를 기대했습니다. 사적인 조직이나 회합은 늘 음모를 꾀하는 게 아니냐는 의심의 눈초리를 받았고, 따라서 자주 금지의 대상이 되었습니다. 그리스도인들이 비밀 집회에서 도덕적으로 문란한 행위를 하고(성도들 사이의 거룩한 입맞춤. 로마서 16:16), 사람을 잡아먹으며(예수님의 살과 피를 먹음. 요한복음 6:54, 고린도전서 11:23-26), 기타 여러 가지 악행을 행한다는 헛소문이 떠돌았습니다. 다른 무엇보다 심각한 오해는 기독교의 창시자가 가이사의 권위에 도전하여 사형을 당했다고 알려진 것이었습니다(누가복음 23:2)! 이런 분위기에서 선교팀들과 그리스도인들은 가정집에서 모임을 가질 때든 복음을 전파할 때든 항상 로마 당국을 의식하고 있었습니다. 만일 그들이 모범적인 신민이 아닌 것으로 여겨지면 로마 당국이 그들을 불법 종교 집단으로 선포할 것입니다.

바울은 예수님과 베드로처럼 그리스도인들이 "사람보다 하나님을 순종"(사도행전 5:29)해야 할 때가 오리라는 것을 알고 있었습니다. 예수님께서는 십자가에 못 박혀 죽으셨습니다. 베드로는 복음을 전파하지 말라는 명령에 불순종했다는 이유로 체포당하고 감옥에 갇혔습니다. 바울 역시 같은 이유로 돌팔매질을 당하고 감옥에 갇히는 등 많은 고난을 받았습니다. 그러나 바울은 또한 알고 있었습니다. 그가 체포되었을 때, 제국의 법이 하나님의 법을 어기지 않는 한 모두 순종했노라고 주장할 수 있는 것이 참으로 중요하다는 사실이었습니다. 그래야 순교의 순간에, 죄가 있어 사형당하는 것이 아니라 아무 죄도 없지만 그리스도를 위하여 죽는다는 것을 새로이 믿은 그리스도인들에게 증거함으로써 그들의 믿음을 견고케 해줄 수 있을 것입니다. 쓸데없이 마구 나라의 법을 어기는 자가 되면 하나님을 욕되게 하고, 형벌을 받을

❑ **묵상과 토의**

어떤 사람들은 13:3-4에서 바울은 "관원들"의 이상적 기능만을 기록한다고 생각합니다. 실제 관원들이 반드시 이렇게 하는 것은 아니라는 것입니다. 이에 대한 당신의 생각은 무엇입니까? 지지하면 그 이유를, 반대하면 그 이유를 말해 보십시오. 또는 다른 생각이 있으면 말해 보십시오.

❑ **추가 연구**

사도행전 16:16-40, 18:12-18, 21:27-26:32, 28:17-31에서 권세자들에 대한 바울의 굴복을 공부해 보십시오.

때 아무 동정도 얻지 못할 것입니다.[1]

13:1-7을 읽으십시오. 읽으면서 그것이 권위적인 국가와 민주적인 국가의 그리스도인들에게 각각 어떻게 적용되는지를 생각해 보십시오.

굴복하라(13:1). 이 단어는 본래 군대 용어인데, 병력을 부대별로 행군 대형으로 정렬시킨다는 뜻입니다. 따라서 굴복한다는 것은 자기가 명령받은 위치에 있는다는 뜻입니다. 그가 그 위치에 있는 것은 명령받았기 때문이지 개인적으로 열등해서가 아닙니다. 굴복한다는 것은 명령을 한 상대방의 계급과 권위, 그리고 명령 계통상의 위치를 존중한다는 의미입니다. 그렇다고 맹목적이고 노예적인 순종은 아닙니다. 여기에는 사심 없는 순종의 의미가 내포되어 있습니다. 순종의 한계는 상대방의 권한 범위까지입니다.[2]

---

1. 그리스도인들은 왜 "위에 있는 권세들"에게 굴복해야 합니까?

13:1-2

13:3-5

2. 3절에서, 우리가 선을 행하면 관원들에게 "칭찬"을 받을 것이라고 말합니다. 심지어 불의하고 부도덕한 관원들일지라도 우리를 칭찬한다는 것입니다. 우리가 선을 행하여도 도리어 우리를 벌할 때가 있는데, 불의한 관원이 어떻게 우리를 칭찬할 수 있습니까? (참조: 누가복음 21:12-15, 사도행전 16:16-40, 빌립보서 1:12-14, 베드로전서 2:13-21, 4:12-14.)

3. 관원들이 어떻게 해서 우리에게 선을 이루는 자가 됩니까? 13:4

칼(13:4). 칼은 대외적으로는 국가 방위, 대내적으로는 범죄자 처벌의 상징입니다. 로마 제국 정부는 질서 유지를 위해서는 무자비하였습니다.

4. 사도행전 4:1-22, 5:17-42을 읽으십시오.
   1) 사도들은 "위에 있는 권세들"에 대한 굴복을 어떻게 보여 주었습니까?

❑ 묵상과 토의

심지어 우리를 압제하는 불의한 관원까지지도 우리에게 선을 이루는 하나님의 사자입니까(13:4)? 모세 당시의 바로처럼 잔인한 지배자들(출애굽기 4:18-14:31, 로마서 9:17), 바울 당시의 로마 황제(네로는 주후 64년에 수많은 그리스도인들을 학살하였음), 본디오 빌라도(요한복음 19:8-16)가 어떻게 하나님의 사자와 일꾼이 되어 하나님의 계획 성취에 기여하며 우리에게 선을 이룹니까? ("선"에 대해서는 로마서 8:28-29을 참조하십시오. 그리고 바로와 본디오 빌라도가 각각 하나님의 계획에 어떻게 기여를 했는지를 살펴보십시오.)

❑ 추가 연구

예루살렘에서 일어난 박해(사도행전 8:1)는 어떻게 하나님의 계획(사도행전 1:8)의 성취에 도움이 되었습니까?

❑ 추가 연구

누가복음 20:19-26은 로마서 13:7을 이해하는 데 어떤 도움을 줍니까?

2) 사도들은 관원들의 명령에 불순종했습니다. 왜 이 불순종은 하나님께서 세우신 권세를 거스른 것이 아닙니까?

3) 여기에서 우리 자신의 굴복과 순종을 위해 무슨 교훈을 이끌어 낼 수 있겠습니까?

5. 당신이 권세를 대하는 태도에서 13:1-7을 적용할 수 있는 방법을 구체적으로 몇 가지 적어 보십시오.

사랑의 빚(13:8–10)

국가의 법과 제도 등 공적인 영역에 대한 우리의 행위 표준은 "모든 자에게 줄 것을 주라"(13:7)는 것입니다. 이것은 우리가 마땅히 해야 할 의무입니다. 그러나 비즈니스든 사생활이든 사적인 영역에서 개인들을 대할 때는 행위 표준이 이보다 훨씬 높습니다. 우리는 결코 다 갚을 수 없는 빚을 지고 있기 때문입니다. 로마서 13:8-14을 읽으십시오.

❑ 묵상과 토의

바울은 그리스도인들에게 세금을 바치라고 말했습니다. 그 세금이 이방인 관원들의 사치, 신민들에 대한 압제와 치안 유지, 제국 밖의 사람들과의 전쟁 지원에 쓰일지라도 바치라고 했습니다. 그리스도인들이 세금을 내서는 안 되는 경우가 있습니까? 그런 경우가 있다면 그 이유를, 그런 경우가 없다면 그 이유를, 13:1-7에 비추어 설명해 보십시오.

❑ 묵상과 토의

그리스도인의 책임은 민주적인 국가에서든 권위적인 국가에서든 같습니까? 아니면 서로 다릅니까? 같다면 같은 이유를, 다르면 다른 이유를 설명해 보십시오.

❑ 묵상과 토의

13:7에서 "모든 자에게 줄 것을 주라"고 말합니다. 다음 것을 주어야 할 대상은 누구입니까? 공세와 국세, 두려워함과 존경, 공경, 기타 빚. (에베소서 6:1-3, 베드로전서 2:17 참조.)

6. 13:8-10에서 사랑과 율법(구약의 십계명) 사이의 관계를 어떻게 정의하고 있습니까? 7:6,22, 8:4과 비교.

❑ **묵상과 토의**
당신에게 사랑을 전달해 주는 행동들은 무엇입니까? 당신은 다른 사람들에게 사랑을 전달하기 위해 어떤 행동을 하겠습니까?

네 이웃(13:9). 유대인들은 '이웃' 하면 동족인 유대인을 생각했으나, 예수님께서는 어려운 처지에 있는 자는 누구나 이웃이라고 가르치셨습니다. 또한, 유대인들이 싫어한 사마리아인들처럼, 우리가 몹시 싫어하는 사람까지도 우리의 이웃입니다(누가복음 10:25-37).

네 자신과 같이 사랑하라(13:9). 우리는 자연스럽게 자신을 사랑합니다. 자신에 대하여 좋게 느끼지 않을 수도 있지만, 거의 대부분 필연적으로 자신을 돌보기 위해 많은 생각을 하고 많은 수고를 합니다. 우리는 자신의 필요에 대하여 관심이 많습니다. 사랑하라는 계명은 다른 사람에 대한 이러한 적극적 돌봄과 관심과 수고를 말합니다.[3]

7. 십계명 중 마지막 여섯 계명을 살펴보십시오(출애굽기 20:12-17). 먼저 각각의 계명을 적은 다음, 각 계명에 대하여, 이웃 사랑과 연관하여 적극적이고 구체적인 실천 방법을 한 가지씩 적어 보십시오. 괄호 안은 그 계명에 대해 언급한 신약성경 구절입니다.

출애굽기 20:12 (마태복음 15:1-9, 에베소서 6:1-3)

❑ **묵상과 토의**

"사랑은 율법의 완성이니라"(13:10. 마태복음 22:34-40과 비교)는 말씀은 무슨 의미입니까?

출애굽기 20:13 (마태복음 5:21-24)

살인하지 말지니라.
이웃의 생명을 존중하고 삶의 향상을 위해 힘써야겠다.
병이나 노화나 장애나 위험이나 가난 등으로 생명이 위협받고 있는 사람들을 돌봐 주는 것도 그 실천 방법이다.
또한 내 속에 있는 분노, 비판, 원망, 용서하지 않는 마음을 버려야겠다.

출애굽기 20:14 (마태복음 5:27-32, 에베소서 5:21-33)

출애굽기 20:15 (누가복음 6:29-38, 고린도후서 9:6-11, 에베소서 4:28)

출애굽기 20:16 (마태복음 5:33-37, 누가복음 21:12-19, 에베소서 4:25,29,31)

출애굽기 20:17 (누가복음 12:22-34, 16:13, 빌립보서 4:11-13)

8. 문제 7의 대답 중에서 하나를 골라, 이번 주에 사랑을 실천할 이웃의 이름(하나일 수도 있고 여럿일 수도 있음)을 적고, 구체적인 실천 방법을 적어 보십시오.

시기를 앎(13:11–14)

9. 국가 권력이나 법에 굴복하는 것은 우리가 시민으로서 마땅히 해야 할 기본적인 의무입니다. 하지만 우리에게는 이 기본적인 의무뿐 아니라 이웃을 사랑해야 하는 사랑의 의무가 있습니다. 왜 우리는 이웃을 사랑해야 합니까? 13:11-14

❑ **추가 연구**

우리는 예수님을 믿음으로 말미암아 의롭다 하심을 얻을 때 이미 구원을 받았습니다. 그러나 13:11에서는 우리의 구원이 처음 믿을 때보다 가까웠다고 말합니다. 우리의 구원을 미래에 일어날 일로 언급하고 있습니다. 이것이 어떤 의미인지 설명해 보십시오. (참조: 로마서 5:9-10, 8:23, 빌립보서 3:20-21, 히브리서 9:28, 요한일서 3:2-3.)

□ **묵상과 토의**
우리의 구원이 가까웠기 때문에, 바울은 우리에게 이러이렇게 하라고 말합니다. 각각에 대해 당신 자신의 말로 설명하십시오.
1) 잠에서 깨어라(13:11). (데살로니가전서 5:1-8 참조.)
2) 어두움의 일을 벗으라 (13:12).
3) 빛의 갑옷을 입으라 (13:12). (에베소서 6:10-18, 데살로니가전서 5:8 참조.)
4) 주 예수 그리스도로 옷 입으라(13:14). (8:29 참조.)

10. 13:13의 "어두움의 일" 중 당신이나 당신이 알고 있는 사람들에게 문제가 되고 있는 것이 있습니까? 만일 있다면, 당신은 이 문제를 어떻게 해결하겠습니까?

11. 13:1-14에서 당신이 새롭게 배우거나 깨달은 것은 무엇입니까?

12. 이것을 당신의 삶에 어떻게 적용하겠습니까? 구체적인 실천 계획을 세워 보십시오.

13. 13장에서 질문이 있으면 적으십시오.

소그룹 모임을 위한 지침

도입. 이렇게 물어보십시오. "여러분은 지방정부든 중앙정부든 정부에 대해 어떤 느낌을 갖고 있습니까? 공무원들이 신뢰할 만하고, 효율적이고, 지혜롭고… 그렇습니까?" 우리가 특정 공무원들에 대하여 어떻게 느끼고 있느냐는 13:1-7 말씀을 어떻게 받아들이느냐에 영향을 미칩니다. 우리가 정부에 대하여 가지고 있는 태도가 잘못되었으면 주님 앞에서 회개해야 하겠지만, 우선은 정부에 대한 자신의 느낌을 솔직하게 평가해 보는 것이 좋습니다.

정부. 아무나 한 사람에게 바울과 초대교회가 맞이하고 있었던 정치적 상황에 대해 설명해 보게 하십시오. 그 다음에, 13:1-7의 각 구절을 상고하면서, 하나님께서 어떻게 무능하고 전제적인 통치자들까지도 사용하여 우리에게 선을 이루고 우리의 믿음을 칭찬하시는지를 토의하십시오. 13:1-7이 민주 체제하에 있는 그리스도인들에게는 어떻게 적용되는지를 상고하도록 하십시오. 그들은 민주 체제에서는 투표를 하고, 제반 결정에 영향력을 미치고, 공공선(公共善)을 증진시키고, 심지어 공직을 수행할 책임이 있습니다. 여러분이 "위에 있는 권세들"에게 굴복하기를 거부하는 영역들을 토의하십시오.

여러분의 기도 시간에, "위에 있는 권세들"에게 굴복할 수 있는 은혜를 주시기를 구하십시오. 이것이 종종 쉽지 않기 때문입니다. 당신이 해야 할 바에 대해 의문이 있는 영역들이 있으면, 그것들에 대해서도 기도하십시오. 그리스도인이 되기가 아주 어렵고 국가에 굴복하기가 아주 어려운 나라의 신자들을 위해서도 기도하십시오. 우리나라의 공무원들을 위해서도 기도하십시오.

13:1-7과 연관된 선택 질문들을 더 깊이 토의하기를 원한다면, 다음 토의 시간에는 전체를 여기에 할애할 수도 있습니다. 그룹 멤버들에게 별도의 노트에 각자 개인적으로 공부한 내용을 적어 오게 하십시오.

사랑. 시간을 절약하기 위해, 문제 7에서 몇 가지 계명만 토의할 수도 있습니다. 아니면, 문제 7과 8에 초점을 맞추고, 다른 문제들은 넘어갈 수도 있습니다. 이 과처럼 토의 주제가 많아 다를 내용이 많은 경우에는, 따로 토의 시간을 더 계획할 수도 있고, 토의 주제 중 몇 가지만 다룰 수도 있습니다.

마침. 공직을 맡은 사람들에 대해 하나님께 감사하십시오. 당신이 그들의 가치를 인정하고 그들을 위해 기도할 책임을 질 수 있게 도와주시도록 기도하십시오. 하나님의 계명들에 대해 감사하십시오. 하나님의 구원의 날이 가까움을 인하여 감사하십시오. 그날이 속히 오도록 기도하십시오. 그리고 어두움의 일들을 벗고 빛의 갑옷을 입을 수 있도록 기도하십시오.

1. Henry Chadwick, *The Early Church* (New York: Penguin Books, 1967), pp. 23-29; Ramsay MacMullen, *Paganism in the Roman Empire* (New Haven: Yale University Press, 1981), pp. 18-42; Bruce, *New Testament History*, pp. 253, 425; Bruce, *Romans*, pp. 231-235; Cranfield, pp. 317-319.
2. Cranfield, pp. 320-321.
3. Cranfield. p. 329; *The NIV Study Bible*, p. 1726.

18과

로마서 14:1-15:13

연약한 자와 강한 자

사랑의 빚은 로마 교회의 상황에 직접적으로 적용되었습니다. 그 상황은 바울이 지난 수십 년 동안 자주 마주친 것이었습니다. 많은 그리스도인들이 전에 유대교에 몸담고 있었기 때문에, 하나님께서는 십계명뿐 아니라 음식이나 절기나 기타 의식들에 대한 구약의 율법들도 지키기 원하신다고 믿었습니다. 율법을 지키는 것은 하나님을 향한 사랑과 하나님의 은혜에 대한 감사의 표현이라고 생각했습니다(출애굽기 20:1-17, 마가복음 12:28-31). 바울이 반대했던 이단 집단들과는 달리, 이들 유대인 그리스도인들은 율법들을 지킴으로써 의롭다 하심을 얻으려고 하는 것도 아니고, 이방인 그리스도인들도 율법들을 지켜야 한다고 주장하는 것도 아니었습니다. 단지, "그리스도에 의해 시작된 새 언약하에서 구약의 규례들이 차지하는 위치"에 대한 명확한 이해가 없었던 것입니다.[1] 그래서 그들은 양심을 위하여 그 규례들을 지켰습니다.

그러나 일부 이방인 그리스도인들은 이처럼 유대교의 관습들을 지키는 것을 새 언약을 부인하는 것으로 여겼고, 그리스도에 대한 유대인 형제들의 믿음에 의문을 던졌습니다. 함께 식사할 때에, 그들은 모세의 율법에 금한 음식들을 내놓았을 수도 있습니다. 그리고 명백하게 유대인의 절기들을 무시했을 수도 있습니다. 반면, 유대인 형제들로서는 자기들이 그동안 부정하게 여겨온 것을 거리낌 없이 행하는 이방인 형제들의 행동에 충격을 받았고, 이방인 형제들이 이교신앙에서 완전히 회심하여 거룩한 삶에 온전히 헌신한 것인지 의문이 들었을 것입니다. 유대인 신자들은 또한 무엇이 참으로 옳고 그른지 크게 혼란스러웠습니다. 이방인 신자들의 업신여김은 유대인 신자들이 답을 찾기 어렵게 만들었습니다. 관습과 의식상의 이슈들이 전도, 예배, 서로 덕을 세우는 일과 같은 더 중요한 문제들을 작게 보이게 할 위험이 있었습니다.

이러한 상황에서, 바울은 로마에 있는 그리스도인들에게 편지를 쓰게 되었습니다. 그들은 바울을 율법주의에 대한 열렬한 반대자로 알고 있었습니다(갈라디아서 1:1-6:18, 빌립보서 3:1-4:1). 로마 그리스도인들은 바울이 관습에 집착하는 유대인 그리스도인들을 꾸짖기를 기대했는지도 모릅니다. 그러나…. 14:1-15:13을 읽으십시오.

1. 14:1-15:13에서 다음 사람들에게 주는 바울의 전체적인 메시지는 무엇입니까?

   '강한 자'(음식이나 절기에 대한 규례들을 지킬 의무가 없다고 생각하는 사람들)

   '연약한 자'(지킬 의무가 있다고 생각하는 사람들)

2. 14:1에서 믿음이 연약한 자의 의심하는 바를 비판하지 말라고 했는데, 그 이유가 무엇입니까?

14:3

14:4

14:9-12

채소…고기(14:2,21). 당시 대부분의 정육점은 이방 신전에 부속되어 있었습니다. 제사 의식에 따라 신들에게 제물로 바친 동물들의 고기는, 일부는 불사르고, 나머지는 시장에 내다 사람들에게 팔았습니다. 유대인 공동체들은 자신들의 정육점을 소유하고 있었습니다. 우상에게 제물로 바친 적이 없는 고기라는 것을 보장하기 위해서였습니다. 그러면서 일반 정육점에서 파는 고기는 아무래도 꺼림칙해서 자기들에게 고기를 사러 온 유대인 그리스도인들에게 고기를 팔지 않았을 수도 있습니다. 그래서 일부 유대인 그리스도인들은 우상에게 바쳤던 고기를 먹기보다는 아예 고기를 먹지 않고 채소만 먹게 되었을지도 모릅니다.[2] (고린도전서 8:1-11:1과 비교.)

3. 어떤 것이 옳은지 그른지 확신이 없을 경우, 그것을 해야 합니까, 하지 말아야 합니까? 왜 그렇습니까? 14:14,23

❑ **묵상과 토의**
어떤 이슈에 대해 그것은 성경이 명백하게 말하지 않고 있어 논쟁의 여지가 있다고 결정하기 전에 우리가 해야 할 것은 무엇입니까?

❑ **묵상과 토의**
성경이 명백하게 말하고 있지 않은 영역에서, 옳고 그른 것을 어떻게 결정해야 합니까? (참조: 13:8-10, 14:15-19.)

❑ **선택 적용**
14:23은 당신이 현재 직면하고 있는 삶의 이슈들에 어떻게 적용됩니까?

❑ **묵상과 토의**

객관적으로 보면 그 일을 한다 해서 아무 잘못이 없지만, 어떤 사람은 그 일에 대하여 잘못된 것이라고 생각하는 경우가 있습니다. 이 경우, 그 사람이 잘못 생각하고 있는 것이긴 하지만 내가 그 일을 하면 그를 실족케 할 수도 있습니다. 그 이유가 무엇입니까? 14:21

❑ **묵상과 토의**

유대인 그리스도인들과 이방인 그리스도인들이 서로를 사랑으로 받는 것이 특별히 중요한 이유는 무엇입니까? 14:8-12

❑ **묵상과 토의**

15:4,13에서, 바울은 사랑이나 믿음이 아니라 소망에 대하여 말합니다. 소망은, 14:1-15:13에서 권면한, 서로 받고 자기를 부인하는 행동에 꼭 필요합니다. 그 이유가 무엇입니까?

❑ **묵상과 토의**

15:4은 우리의 삶에 중요합니다. 그 이유가 무엇입니까?

4. 어떤 것에 대해 아무도 금하지 않아서 해도 된다는 확신이 있다 해도, 상황과 환경에 따라서는 해서는 안 되는 경우도 있습니다. 어떤 것을 행동으로 옮기고자 할 때 고려해야 할 사항은 무엇입니까?

14:13-15,20-21

14:16

14:19

하나님의 나라(14:17). 하나님의 통치를 말합니다. 이것은 우리의 삶에서 현재의 실체인 동시에 미래의 소망입니다.

담당하고(15:1). "참고 견딜 뿐 아니라 사랑으로 붙들어 주고."[3]

약점(15:1). 약점은 그것에 대해 성경에 명확한 지침이 없는 이상 죄가 아닙니다.[4]

---

5. 그리스도인들은 왜 다른 사람들의 개인적인 확신을 존중해 주어야 합니까? 이 면에서 우리에게 동기를 주는 '그리스도'와 '하나님의 나라'에 대한 진리는 무엇입니까?

14:15

14:17-18

15:1-3

15:6

6. 우리의 생각에 어리석어 보이는 것을 행하는 사람들이라도 성경이 그것에 대해 구체적으로 언급하고 있지 않는다면 그들을 사랑으로 용납해야 하는 이유가 무엇입니까? 15:7

7. 바울은 하나님께서 그리스도인들 간에 서로 뜻이 같게 하여 주시기를 기도합니다(15:5). 서로 뜻이 같다는 것은 무슨 의미입니까? 신자들이 모든 것에 대해 같은 견해나 확신에 도달해야 한다는 의미입니까? 당신의 생각을 말해 보십시오.

❑ 묵상과 토의

1. 많은 인도인들이 고기 먹는 것을 부도덕하게 생각합니다. 14:1-15:13에 의하면, 인도에 있는 선교사는 육식을 피해야 합니까, 육식을 해도 됩니까? 왜 그렇습니까?

2. 모슬렘 국가의 그리스도인 여성은 모슬렘 여자처럼 자신을 가려야 합니까, 가리지 않아도 됩니까? 왜 그렇습니까?

3. 각 문화권에서 해도 되는 일과 해서는 안 되는 일을 어떻게 결정해야 합니까?

4. 14:1의 "의심하는 바"에 대하여 오늘날의 예를 들어 본다면 무엇이 있습니까? 이에 대하여 우리는 어떻게 결정할 수 있습니까?

❑ 선택 적용

15:5,13의 내용을 가지고 자신 및 다른 사람들을 위해 힘써 기도하십시오.

❑ 선택 적용

1. 당신의 교회에서, 또는 당신과 다른 사람들 사이에서, 논쟁이 되고 있는 주제들로는 어떤 것이 있습니까?

2. 이 주제들에 대해 성경에서 무엇이라 말하고 있는지 상고해 보십시오. 성구사전, 주제별 성경사전, 기타 참고 자료들을 활용하십시오.

3. 당신과 생각이 다른 사람들을 사랑하고 용납하며, 그들과 한마음 한뜻이 되고자 하는 태도를 주시도록 기도하십시오.

4. 14:1-15:13에서 이와 연관된 구절을 몇 구절 택하여 묵상하여 보십시오.

5. 당신과 생각이 다른 사람들을 용납할 수 있는 실제적인 방법들을 찾아보십시오.

8. 옳고 그른 것을 결정하며 우리와 생각이 다른 사람들을 받기 위해 씨름할 때, 우리에게 격려가 되는 것은 무엇입니까?
15:4

15:5

15:13

9. 14:1-15:13을 다시 읽으면서, 이 과에서 새롭게 배우고 깨달은 것들을 적어 보십시오. 아울러 그와 관계된 당신의 삶의 영역들을 적어 보십시오.

10. 그중에서 이번 주에 당신의 삶에 적용할 것을 하나 택한 후, 이를 위한 구체적인 실천 방법을 적어 보십시오. 관련된 말씀을 묵상하는 것일 수도 있고, 그것을 위해 기도하는 것일 수도 있고, 그것과 연관하여 실제적인 행동을 취하는 것일 수도 있습니다.

11. 14:1-15:13에서 질문이 있으면 적으십시오.

❑ **추가 연구**
이 책의 뒤에 있는 여백을 사용하여 12:1-15:13의 개요를 적으십시오.

소그룹 모임을 위한 지침

도입. 다음과 같이 말함으로 토의를 시작하십시오. "여러분이 함께 일하거나 생활하거나 예배하는 사람들과 여러분 사이에 생각이나 의견이 다른 영역을 한 가지 생각해 보십시오."

문제. 갈라디아서를 아는 사람들은 종종 이런 질문을 합니다. "바울이 '연약한' 신자들에게 음식에 대한 규정이나 절기들을 왜 지킬 필요가 없는지 설명하지 않는 이유가 무엇입니까?" 14:1-15:13을 공부하고 나서, 그룹 멤버들이 이 질문에 대답할 수 있는지 확인해 보십시오. 그 이유를 살펴보면, 신자들 사이의 사랑과 하나 됨에 대한 바울의 관점을 잘 이해하게 됩니다.

교회에서 논쟁이 되고 있는 이슈들을 가능한 한 많이 적어 보십시오. 이 이슈들을 둘로 나누십시오. 1) 성경에 분명한 언급이 없는 사안. 2) 성경에 분명한 언급이 있는데, 일부 그리스도인들이 성경에 굴복하지 않는 사안. 당신과 생각이 다른 사람들을 어떻게 대해야 합니까? 당신은 어떤 이슈에 대해서는 "강한" 자이고, 어떤 이슈에 대해서는 "연약한" 자입니까? (아니면, 이런 분류가 적용되지 않습니까? 그렇다면 그 이유는 무엇입니까?) 당신과 생각이 다른 사람들은 당신을 어떻게 생각할까요? 당신을 "연약한" 자로 생각하고, 그들 자신을 "강한" 자로 생각할까요? 아니면 그 반대일까요? 서로 생각이 다를 때, 누가 강하고 누가 연약한지를 아는 것이 중요합니까?

다음에 든 예 중에서 몇 개를 골라 토의해 보십시오. 여기에 없는 다른 이슈를 토의하고 싶으면 그렇게 하십시오.

음식	의술(醫術)
옷(복장)	대중음악
화장(化粧)	교회 음악
이성 교제	안식일/주일
성(性) 도덕	여성의 역할
술/담배	십일조
영화/텔레비전	사형제도
남편과 아내의 역할	영적 은사
결혼/이혼	정치 참여
전쟁/군비 축소[철폐]	세례와 성찬

마침. 그리스도인들 사이의 문화적 다양성에 대해 하나님께 감사하십시오. 하나님께서 각 신자의 주인이 되셔서 우리가 서로를 판단할 필요가 없도록 하신 것에 대해 찬양하십시오. 인내와 안위를 주시고 서로 뜻이 같게 하여 주신 것에 대해 하나님께 감사하십시오(15:5). 그리스도께서 "하나님의 진실하심을 위하여 할례의 수종자"(15:8)가 되신 것에 대해 감사하십시오. 하나님의 긍휼하심을 인하여 하나님께 영광을 돌리십시오(15:9).

1. *The NIV Study Bible*, p. 1727.
2. Cranfield, p. 336.
3. *The NIV Study Bible*, p. 1728.
4. *The NIV Study Bible*, p. 1728.

19과

로마서 15:14-16:27

개인적 메시지

1장으로 돌아가 보면, 바울은 하나님의 복음을 위하여 사도로 부르심을 받았다고 자신을 소개하였습니다(1:1). 그는 복음의 사도로서 이방인들로 믿어 순종케 하는 일에 자신을 바쳤습니다(1:5, 16:26). 지금까지 바울은 자기가 전파하는 복음을 자세히 설명했고, 이제 이 편지를 쓰게 된 목적으로 돌아가 몇 가지 개인적인 메시지를 전합니다. 이 개인적인 메시지를 통해서 우리는 바울의 성품과 동기, 초대교회의 모습을 들여다볼 수 있습니다. 15:14-16:27을 읽으십시오.

❑ **묵상과 토의**

15:8-12은 15:14-33을 이해하는 데 어떤 도움을 줍니까?

바울의 계획(15:14-33)

1. 바울은 자기의 사명을 무엇이라 말합니까? 15:15-16

2. 바울은 선교에서 자기가 거둔 엄청난 성공의 원인을 무엇에 돌립니까? 15:18-19

❑ 선택 적용

1. 하나님께서 당신에게 주신 은혜는 무엇입니까(15:15-16)? 당신은 무엇에 대하여 자랑합니까(15:17-19)?

2. 당신이 문제 3에서 적은 태도 중 본받고 싶은 것 하나를 골라 구체적인 실천 방법을 생각해 보십시오.

❑ 선택 적용

당신의 가장 큰 야망은 무엇입니까? 바울의 야망(15:20)과 어떻게 비교가 됩니까?

3. 바울은 자기 자신과 자기의 사명에 대하여 어떤 태도를 가지고 있습니까? 15:16-21

표적과 기사(15:18). 사도행전 14:8-10, 16:16-18,25-26, 20:9-12, 28:8-9, 고린도후서 12:12 참조.

일루리곤(15:19). 마게도냐 북부에 위치한 로마의 속주(屬州). 옛 유고슬라비아 지역. (15쪽의 지도 참조.)

---

4. 왜 바울은 그동안 로마를 방문할 수 없었습니까? 15:19-22

5. 왜 지금 로마에 가려고 계획하고 있습니까? 15:23-24

6. 로마를 방문하기 전에, 바울은 마게도냐와 아가야 지방의 성도들이 예루살렘 성도 중 가난한 자들을 위하여 드린 헌금을 전달해야 했습니다(15:25-29). 바울은 로마의 그리스도인들이 그를 어떻게 도와주기를 원합니까? 15:24,30-32

7. 15:14-33에서 당신 자신의 삶에 적용하고 싶은 것이 있습니까? 아래에 그것을 적고, 구체적인 실천 계획을 세워 보십시오.

나를 위하여 하나님께 빌어 나로 유대에 순종치 아니하는 자들에게서 구원을 받게 하고(15:30-31). 바울은 이방인 성도들의 구제 헌금을 직접 가지고 가 전달함으로, 그 헌금이 단지 자선을 베푸는 것이 아니라 이방인 그리스도인들이 유대인 그리스도인들에게 주는 사랑의 표현임을 설명하려 했습니다. 그러나 그는 예루살렘에서 결박과 환난이 그를 기다리고 있다는 것을 이미 알고 있었습니다. 믿지 않는 동족 유대인들이 그의 생명을 노리고 있었습니다(사도행전 20:22-23).[1]

인사(16:1-23)

우리 자매 뵈뵈(16:1). 바울이 그를 로마의 그리스도인들에게 천거하고 있는 것으로 보아, 아마도 고린도에서 로마로 편지를 전달했을 것입니다.

일꾼(16:1). 헬라어로 diakonos인데, 종종 '집사'로도 번역됩니다. 이 말은 본래, 식탁에서 시중들며 섬기는 자를 의미했는데, 그리스도인들이 병자, 가난한 자, 과부들을 섬기는 자라는 의미로 사용하게 되었습니다(사도행전 6:1-6, 로마서 12:7).[2]

❏ 묵상과 토의

1. 유대인들이 이방인들을 위해 한 것이 무엇입니까? 11:11, 15:8-9,27
2. 이방인들은 유대인들을 어떻게 대하여야 합니까? 15:26-27
3. 유대인과 이방인에 대한 바울의 태도(15:8-12,16,26-27)에서 배울 점은 무엇입니까? 이것은 서로 다른 이질적인 집단들을 대할 때 어떤 도움이 됩니까?

❏ 선택 적용

바울이 로마의 그리스도인들이 자기에게 해주기를 원했던 바(15:24,30-32)를, 당신은 어떤 선교사를 위해 어떻게 행하겠습니까? 이러한 도움을 주는 것은 왜 중요합니까?

겐그레아(16:1). 고린도와 겐그레아는 쌍둥이 항구 도시로, 약 10km 거리를 두고 고린도 지협(地峽)의 서로 반대편에 위치하고 있었습니다. 그래서 두 항구 도시 사이를 바다로 항해하여 오가려면 반도 전체를 빙 돌아가야 했기 때문에 종종 배들을 육로로 끌고 가기도 했습니다. (15쪽의 지도 참조.)

보호자(16:2). 조력자, 후원자, 구조자. 헬라어로는 때로 구체적으로 손 대접과 재정적 후원을 의미했지만, 또한 일반적으로 넓은 의미에서 봉사의 의미를 지니고도 있었습니다.

브리스가와 아굴라(16:3). 이 부부는 아마도 유대인이었을 것입니다. 그들은 고린도에서 바울과 함께 일을 했습니다(사도행전 18:1-2). 그들은 글라우디오 황제가 모든 유대인들을 로마에서 추방한 주후 49년에 로마를 떠났습니다. 그러나 글라우디오 황제가 죽고 그의 칙령이 효력을 상실하게 되어, 지금은 로마에 돌아와 있었습니다.

안드로니고와 유니아(16:7). 바울이 "나의 친척"이라고 하는 것으로 보아 두 사람은 유대인이었고, "나보다 먼저 그리스도 안에 있는 자"라고 하는 것으로 보아 바울보다 먼저 그리스도인이 되었을 것입니다.[3] 그들은 예수님 부활 후 얼마 안 있어 예루살렘에서 회심했고, 열두 사도를 알고 있었을 것입니다. 어쩌면 부활하신 예수님을 보았을지도 모릅니다. 바울에게 이런 칭찬을 받을 정도로 그들은 틀림없이 그리스도를 위하여 뛰어난 일꾼이었을 것입니다.

드루배나와 드루보사…버시(16:12). 모두 여자들입니다. 드루배나와 드루보사는 아마도 쌍둥이 자매였을 것입니다.

8. 바울은 16:1-15에서 여러 사람들을 칭찬하고 있습니다. 그는 각 사람에 대하여 무엇을 칭찬하고 있습니까?

❑ **묵상과 토의**

바울이 16:1-15에서 거명한 27명 중 9명이 여자입니다. 이 사실은 무엇을 함축하고 있습니까?

❑ **묵상과 토의**

16:1-16에서 바울은 그의 동역자들에 대하여 어떤 감정을 표현합니까? 여기서 우리가 본받을 것은 무엇입니까?

9. 뵈뵈, 브리스가, 아굴라… 등 여기에 언급된 인물 중 당신이 본받고 싶은 사람은 누구입니까? 그에게서 본받고 싶은 것을 한 가지 든다면 무엇입니까? 그리고 그것을 어떻게 실천할 수 있겠습니까?

10. 바울은 14:1-15:13에서, 어떤 이슈에 있어서는 성도들 간에 의견이 여러 가지로 나뉠 수도 있는데, 성도들이 서로를 받도록 권면합니다. 그러나 교회 안에서 허용될 수 없는 것은 무엇입니까? 16:17

11. 바울은 이러한 분쟁을 일으키는 사람들에 대해 무엇이라고 말합니까? 16:17-18

❑ **선택 적용**
16:17-20이 당신의 교회에도 해당됩니까? 만일 해당된다면 그 문제를 해결하기 위해 당신이 할 수 있는 일은 무엇입니까?

12. 그리스도인들은 이런 사람들을 어떻게 대하여야 합니까? 16:17 (마태복음 18:15-17, 고린도전서 5:11 참조.)

더디오(16:22). 바울의 비서. 고대에는, 자기가 불러 주는 것을 누군가에게 받아 적게 하는 것이 흔한 일이었습니다.

가이오(16:23). 아마도 바울이 고린도에 있을 때 머물던 집의 주인인 디도 유스도일 것입니다(사도행전 18:7, 고린도전서 1:14). 그의 정식 이름은 가이오 디도 유스도였을 것입니다.

에라스도(16:23). 고린도 성의 재무를 담당한 고위 관리로 귀족이었습니다. 많은 학자들이 초대교회 구성원의 상층 계급 대 하층 계급의 비율을 추정하려고 노력하지만, 우리가 확실히 말할 수 있는 것은 단지, 초대교회의 다수는 노예와 자유인(16:14-15), 상인과 숙련공(16:3), 부유한 사업가(가이오, 16:23)들이었고, 소수지만 에라스도와 같은 지방 귀족들도 있었다는 것입니다. 이러한 분포는 로마 제국 내의 각 계급의 비율과 조금은 연관성이 있다고 할 수 있습니다.[4]

송영(16:25-27)

13. 바울은 그의 대부분의 편지에서 그렇듯이, 하나님께 영광을 돌림으로 편지를 끝맺습니다. 바울은 다음에 대하여 무엇이라고 말합니까?

하나님

복음

14. 15:14-16:27에서 질문이 있으면 적으십시오.

소그룹 모임을 위한 지침

도입. 그룹 멤버들에게 "여러분의 가장 큰 야망은 무엇입니까?"라고 물어보십시오. 15:20로 가서, 바울의 야망과 각자의 야망을 비교하여 보십시오.

문제. 바울의 경건한 야망, 이방인 성도들의 후히 드리는 헌금, 뵈뵈의 섬김, 브리스가와 아굴라 부부의 희생적 헌신 등, 이 과에 나오는 인물들을 돌아보면서 어떻게 하면 그들을 본받을 수 있는지 함께 토의해 보십시오. 각자가 한 영역을 택하여 실제적인 행동을 취하도록 격려하십시오. 그리고 마게도냐와 아가야의 성도들처럼(15:26), 또는 바울이 로마의 성도들에게 원한 것처럼(15:24,30-32), 그룹이 함께 할 수 있는 일이 있는지 찾아보십시오.

마침. 바울과 같은 사도들을 인하여, 로마의 신자들과 같은

❑ **추가 연구**
로마서의 개요를 완성하십시오

신자들을 인하여 하나님께 감사하십시오. 16:25-27을 발판으로 삼아 하나님을 찬양하도록 하십시오.

1. *The NIV Study Bible*, p. 1730.
2. Bruce, *Romans*, p. 270; Hodge, p. 447; Cranfield, p. 374; Wiersbe, p. 172; *The NIV Study Bible*, p. 1730.
3. Cranfield, p. 377; *The NIV Study Bible*, p. 1730; Hodge, p. 449.
4. Wayne A. Meeks, *The First Urban Christians* (New Haven, Connecticut: Yale University Press, 1981).

20과

복 습

뒤돌아보기

지금까지 로마서 전체를 공부했습니다. 로마서를 충분히 이해하게 되었습니까? 이제는 복음을 잘 설명할 수 있겠습니까? 기억이 선명하지 않다면, 복습을 해보면 도움이 됩니다. 복습을 하면 여러 가지 유익이 있습니다. 로마서의 내용을 다시 선명하게 기억할 수 있어서 좋고, 새로운 아이디어를 얻을 수 있어서 좋습니다. '나중에 이러이러한 내용이 필요하면 여기를 보면 되겠구나,' 또는 '이 부분은 나중에 다시 더 공부해 봐야겠다'… 등등.

가능하면 로마서 전체를 다시 읽으십시오. 지금쯤이면 로마서가 친숙해져 있어서, 속도를 내어 죽 읽어 나갈 수 있을 것입니다. 읽어 가면서 로마서 전체를 함께 묶어 주는 핵심 줄거리를 찾아보십시오. 무엇보다도 하나님께서 말씀하시는 내용에 대하여 새로운 시야와 깨달음을 주시도록 기도하십시오.

또한, 맨 앞의 개관, 당신이 작성한 개요와 각 단락의 요약들을 복습하십시오. 당신의 기억을 새롭게 하고 체계화시키는 데 도움을 줄 것입니다. 할 일이 너무 많은 것 같아 보이면, 하나님께서 주신 시간과 능력 범위에서 당신이 할 수 있는 만큼 하십시오.

도움말 **목적으로 돌아감**

성경의 한 책을 공부한 후에는 저자가 그 책을 쓴 목적으로 돌아가는 것이 중요합니다. 이것은 많은 성경 교사들이 강조하는 것입니다. 그 책의 세부 내용을 자세히 공부하고 나면 그 책의 전체적인 목적에 대하여 우리의 시야가 바뀌는 경우가 종종 있습니다.

J. I. 패커는 이것을 "나선형적" 접근이라고 부릅니다. 개관에서 세부 내용으로, 세부 내용에서 다시 개관으로, 이렇게 그 책의 메시지에 대해 나선형을 그리며 상고하는 것입니다. 그 책의 전체 메시지와 목적을 잘 이해하면 할수록, 전체 문맥 가운데서 세부 내용을 살펴보기 때문에 세부 내용을 이해하고 적용하는 데 큰 도움이 됩니다.

1. 제1과 개관의 문제 5에서(26쪽), 로마서 공부를 시작하면서 로마서의 주제를 잠정적으로 적었습니다. 로마서 공부를 마친 지금 시점에서 볼 때, 바울이 로마서를 쓰게 된 주된 이유는 무엇입니까? 간단히 요약하여 보십시오. (1:1,14-17, 15:15-16,23-24 참조.)

도움말 다른 사람의 질문에 대답해 봄

많은 그리스도인들의 복음에 대한 이해 정도를 보면, 자신이 믿을 만큼은 되지만, 다른 사람들이 믿도록 도울 수 있을 정도는 안 되는 경우가 많습니다. 로마서는 불신자들과 새로운 그리스도인들이 하는 많은 질문들에 대답해 줍니다. 문제 2에서 8까지의 질문에 불신자가 이해할 수 있는 말로 간단히 대답해 보십시오. 불신자들이 이해하기 어렵거나 잘못 이해할 수 있는 말들은 가능한 한 피하되, 사용하고 싶다면 그런 말들은 설명을 곁들이십시오. 성경을 전혀 모르는 친구에게 말하는 식으로 해보십시오.

2. 의(義)란 무엇입니까?

3. 왜 우리는 태어나면서부터 죄인입니까? 1:18-32, 5:12-19

4. 우리는 어떻게 의롭게 될 수 있습니까? 3:21-26, 5:15-21

5. 왜 우리는 선행으로 의롭게 될 수 없습니까? 1:28, 2:1-6, 3:9-20, 5:12-14, 7:7-25

6. 왜 그리스도인은 자기 마음대로 죄를 짓고 살아서는 안 됩니까? 6:1-23

❑ 묵상과 토의
모든 사람들이 구원받고 천국에 갈 만한 자격이 있습니까? 왜 그렇습니까(그렇지 않습니까)?

❑ 선택 적용
로마서 말씀을 사용하여 누군가에게 복음을 설명하십시오.

❑ 묵상과 토의
다음 단어들을 정의해 보십시오: 죄, 은혜, 믿음, 칭의, 속죄, 성화, 육신, 영. 보통 사람이 이해할 수 있는 말을 사용하십시오.

❑ **묵상과 토의**

1. 그리스도께서 오시기 전 구약의 율법의 기능은 무엇이었습니까? 3:2,20, 21, 5:20, 7:7-13, 10:4-11, 13:9-10 (갈라디아서 3:21-25과 비교.)

2. 십계명은 그리스도인의 삶에서 어떤 위치를 차지합니까? 13:9-10

3. 구약의 율법 중에서 제사와 종교적 관습에 대한 규례는 그리스도인의 삶에서 어떤 위치를 차지합니까? 3:21, 10:4 (히브리서 9:9, 10:1과 비교.)

7. 거룩하게 되고 하나님께 순종하는 것은 어떻게 가능합니까?
6:11-14, 7:1-8:39

8. 다음과의 관계에서 그리스도인들은 어떻게 살아야 합니까?

다른 그리스도인들(12:1-21, 13:8-15:13)

국가, '관원,' 법(13:1-7)

원수를 포함한 불신자들(12:1-2,9-21, 13:8-14)

9. 다음에 대하여 로마서에서 배운 가장 중요한 진리는 무엇입니까?

성부 하나님

예수 그리스도

성령

❑ **묵상과 토의**

예수님께서는 우리를 위해 무엇을, 어떻게 하셨습니까? 3:25, 4:25, 5:1,10,15-19 (히브리서 8:1-10:18과 비교.)

❑ **묵상과 토의**

1. 유대인들은 하나님의 계획에서 어떤 위치를 차지합니까? 9:1-11:32
2. 9:1-11:32은 로마서의 전체 메시지에서 어떤 중요성이 있습니까?

❑ **추가 연구**

로마서 전체의 개요를 더 자세히 다시 작성하기 원하면, 이 교재 끝에 있는 빈칸을 이용하여 작성해 보십시오.

10. 1과에서 19과까지 각 과의 끝에 당신이 적은 질문들을 죽 훑어보십시오. 아직 답을 얻지 못한 것이 있습니까? 그 질문에 대하여 216-218쪽의 참고 도서를 찾아볼 수도 있고, 참조 구절들을 이용하여 스스로 공부할 수도 있고, 영적으로 성숙한 다른 그리스도인들에게 물어볼 수도 있습니다.

11. 로마서를 공부한 결과 당신의 삶에 변화된 영역이 있습니까? 이를테면, 생각, 태도, 견해, 행동 등에서…. 만일 있다면 어떤 변화가 있었습니까?

12. 당신이 구체적인 적용을 하기로 했던 문제들을 다시 돌아보십시오. 당신의 실천에 대해 만족합니까? 그중에서 계속 실행하기 원하는 것이나 새로이 실천하기 원하는 것이 있습니까? 기도하는 가운데 구체적인 실천 계획을 세워 보십시오.

소그룹 모임을 위한 지침

도입. 그룹 멤버들에게 다음과 같이 말하십시오. "여러분이 복음을 설명해 주고 싶은 사람을 한 사람씩 생각해 보십시오. 적어도 조금은 아는 사람을 택하십시오. 내일 당장 전도해야 할 사람일 필요는 없습니다. 각자 그 사람을 염두에 두면서 문제 2-8을 토의해 봅시다."

복습. "로마서의 기록 목적은 무엇입니까?"라고 물으면 뭐라고 대답해야 할지 어려워할 수도 있습니다. 그런 경우에는 질문을 바꿔 보십시오. 예를 들면, "로마서는 무엇에 대해 쓰고 있습니까?"라고 물어보십시오.

1:18-3:20, 3:21-5:21, 6:1-8:39, 9:1-11:36, 12:1-15:13, 15:14-16:27은 로마서의 주제와 목적에 어떻게 부합됩니까? 오늘날의 독자들은, 9:1-11:36이 전체 메시지에서 갖는 중요성을 이해하는 데 어려움을 느끼는 경우가 많습니다. 따라서 이 부분이 왜 중요한지를 그룹 멤버들이 이해하도록 도와주십시오.

많은 그리스도인들이 복음에 대한 질문들에 그리스도인들만의 용어가 아닌 일반적인 용어를 사용하여 대답하는 것을 처음에는 아주 어려워합니다. 구원, 의, 칭의, 속죄, 대속, 구속, 육[육신], 영, 영적, 은혜, 선택[택함], 부르심, 예수님의 보혈, 율법주의 등과 같은 개념들을 평범한 말로 설명하는 방법들을 찾아보십시오. 몇 개의 용어를 선택하여 실제로 해보십시오.

문제 2-8과 "묵상과 토의" 질문들에서 그룹 토의의 목표는, 불신자들과 새신자들이 자주 묻는 아주 기본적인 질문들에 대답할 수 있도록 하는 것입니다. 멤버 중 한 사람에게 나머지 멤버들을 불신자라 생각하고 하나를 택하여 설명해 보게 하십시오. 멤버들이 한 사람씩 돌아가면서 설명해 보게 하십시오. 불신자 역을 하는 멤버들은 설명을 들으면서 자꾸 질문을 던져 명확하지 않은 점을 더 자세히 설명하도록 촉구할 수도 있습니다. 대답을 완벽하게 못하더라도 낙심하지 마십시오. 이것은 전도를 위한 연습이 될 수 있습니다. 시간 관계상 모든 멤버들에게 기회가 주어지지 않을 수도 있습니다. 이러한 연습이 그룹에 도움이 된다면 이런 시간을 한 번 더 가져 발표를 못한 멤버들에게 연습할 기회를 주는 것도 좋습니다.

문제 10에서, 모든 멤버들에게 질문을 할 기회를 준 다음, 몇 분간을 주어 대답을 생각해 보게 하십시오. 가능하면 언제나 인도자가 바로 답을 하는 것을 피하기 바랍니다. 대신, 인도자는 어떤 멤버에게 대답을 해보게 하든지, 아니면 답을 줄 수 있는 성경 구절들을 제시하는 것이 좋습니다. 또는 관련 참고 도서를 소개해 줄 수도 있습니다. 그룹 멤버들이 스스로 할 수 있는 것을 인도자가 대신 해주지 않는 것이 좋은 규칙입니다. 이 규칙은 그룹 전체가 성장하고 협력하도록 해줍니다. 물론, 인도자는 그룹이 어떤 구절을 잘못 이해하고 있는 것은 아닌지 잘 살펴야 합니다.

문제 11과 12는 그룹이 로마서를 공부하고 적용하는 면에서 어떻게 성장하였는지를 평가할 수 있게 해줍니다. 이것은 죄책감을 느끼거나 자기 만족감을 느끼는 시간이 아닙니다. 격려받고, 다시 동기부여를 받고, 계속 나아갈 수 있는 힘을 얻는 시간입니다. 아직 눈에 보이는 결과가 많지 않다면, 적용과 연관하여 그룹이 새롭게 행하거나 기도하거나 생각할 것이 있는지 자문해 보십시오. 그러나 그룹이 잘못하고 있다고 추측하지는 마십시오. 마음을 새롭게 하고 변화를 받는 일은 하루아침에 일어나지 않습니다. 또는, 새로운 적용을 하기보다는 현재의 적용 내용을 꾸준히 인내함으로 실천하고, 그 결과에 대해 하나님을 의뢰하는 것이 필요할지도 모릅니다.

평가. 그룹이 로마서를 공부하는 동안 있었던 일을 평가하는 시간을 가져 보십시오. 이번 시간에 잠시 몇 분간을 내어서 할 수도 있고, 따로 시간을 내어 전체를 평가에 할애할 수도 있습니다. 평가를 위한 질문을 몇 가지 예로 들면 다음과 같습니다.

소그룹 공부에 대하여 무엇을 배웠는가?
이 공부가 로마서를 이해하는 데 얼마나 도움이 되었는가?
이 공부를 통해 발견한 가장 중요한 진리들은 무엇인가?
이 모임에 대하여 가장 좋았던 것은 무엇인가?
발전을 위하여 개선할 점은 무엇인가?
첫 모임 시간에 정한 목표를 얼마나 이루었는가?
각자의 현재의 필요는 무엇인가? 다음에는 무엇을 할 것인가?

마침. 로마서를 공부하면서 하나님에 대하여 배운 내용들을 가지고 구체적으로 하나님을 찬양하십시오. 하나님의 구원 계획, 하나님께로서 오는 의, 예수님의 복음에 대하여 하나님께 감사하십시오. 함께 하나님의 말씀을 공부할 기회를 주신 것에 대해 감사하십시오. 공부하는 동안 이런저런 방법으로 여러분 각자를 변화시켜 주신 것에 대하여 하나님께 감사하십시오.

참고 도서

로마서 주석

Cranfield, C. E. B. *Romans: A Shorter Commentary* (Eerdmans, 1985).

Hodge, Charles. *Commentary of the Epistle to Romans* (Eerdmans, 1947[1864]).

Murray, John. *The Epistle to Romans* (New International Commentary on the New Testament, Eerdmans, 1968[1959, 1965]).

Olyott, Stuart. *The Gospel as It Really Is: Paul's Epistle to Romans Simply Explained* (Evangelical Press, 1979).

Stott, John. *Men Made New: An Exposition of Romans 5-8* (IVP, 1966).

Wiersbe, Warren. *Be Right: An Expository Study of Romans* (Victor Books, 1977).

역사적 배경

Bruce, F. F. *New Testament History* (Doubleday, 1979).

Bruce, F. F. *Paul, Apostle of the Heart Set Free* (Eerdmans, 1977).

Harrison, E. F. *Introduction to the New Testament* (Eerdmans, 1971).

성구사전, 성경사전, 핸드북

Strong's Exhaustive Concordance

Young's Analytical Concordance to the Bible

Cruden's Complete Concordance

The NIV Complete Concordance

The New Bible Dictionary, edited by J. D. Douglas, F. F. Bruce, J. I. Packer, N. Hillyer, D. Guthrie, A. R. Millard, and D. J. Wiseman (Tyndale, 1982).

Unger's Bible Dictionary by Merrill F. Unger (Moody, 1979).

The Zondervan Pictorial Encyclopedia edited by Merrill C. Tenney (Zondervan, 1975, 1976).

Vine's Expository Dictionary of New Testament Words by W. E. Vine. *The New International Dictionary of New Testament Theology* edited by Colin Brown (Zondervan).

The Theological Dictionary of New Testament by Gerhard Kittel and Gerhard Friedrich (Eerdmans).

The MacMillan Atlas by Yohanan Aharoni and Michael Avi-Yonah (MacMillan, 1968, 1977).

The New Bible Atlas by J. J. Bimson and J. P. Kane (Tyndale, 1985).

The Bible Mapbook by Simon Jenkins (Lion, 1984).

The Moody Atlas of Bible Lands by Barry J. Beitzel (Moody, 1984).

Today's Handbook of Bible Times and Customs by William L. Coleman (Bethany, 1984).

Daily Life in Bible Times (Nelson, 1982).

소그룹 인도

How to Lead Small Group Bible Studies(*Lead Out*의 개정판) (NavPress, 1974, 1982).
(「성경공부 인도법」, 네비게이토 출판사, 1980.)

How to Lead Small Groups by Neal McBride (NavPress, 1990)
(「소그룹 인도법」, 네비게이토 출판사, 1997.)

How to Have Great Small Group Meetings by Neal McBride (NavPress, 1990)
(「성공적인 소그룹 만들기」, 네비게이토 출판사, 1999.)

The Small Group Leader's Handbook by Steve Barker et al. (InterVarsity, 1982).

Getting Together: A Guide for Good Groups by Em Griffin (InterVarsity, 1982).

You Can Start a Bible Study Group by Gladys Hunt (Harold Shaw, 1984).

The Small Group Letter (NavPress).

성경공부 방법

Braga, James. *How to Study the Bible* (Multnomah, 1982).

Fee, Gordon, and Douglas Stuart. *How to Read the Bible for All Its Worth* (Zondervan, 1982).

Jensen, Irving L. *Independent Bible Study* (Moody, 1963), and *Enjoy Your Bible* (Moody 1962).

Wald, Oletta. *The Joy of Discovery in Bible Study* (Augsburg, 1975).

Memo

Memo

Memo

Memo

Memo

로 마 서

초판 1쇄 발행 : 2007년 12월 27일

펴낸곳: 네비게이토 출판사 ⓒ
펴낸이: 조 성 동
주소: 120-600 서울 서대문 우체국 사서함 27호
120-836 서울시 서대문구 창천동 497
전화: 02)334-3305(대표), 334-3037(주문), FAX: 334-3119
홈페이지: http://navpress.co.kr
출판등록: 제10-111호(1973년 3월 12일)

ISBN 978-89-375-0315-3 03230

이 도서의 국립중앙도서관 출판시도서목록(CIP)은 e-CIP 홈페이지(http://www.nl.go.kr/cip.php)에서 이용하실 수 있습니다. (CIP제어번호: CIP2007003774)